书山有路勤为径，优质资源伴你行
注册世纪波学院会员，享精品图书增值服务

［美］｜凯伦·吉姆斯－霍斯(Karen Kimsey-House) 亨利·吉姆斯－霍斯(Henry Kimsey-House)｜著

陈莹 叶菁｜译

共创式领导力

领导的5个维度

（第2版）

Co-Active Leadership

Five Ways to Lead, Second Edition

电子工业出版社

Publishing House of Electronics Industry

北京·BEIJING

本书简体中文字版经由Berrett-Koehler Publishers授权电子工业出版社独家出版发行。未经书面许可，不得以任何方式抄袭、复制或节录本书中的任何内容。

版权贸易合同登记号　图字：01-2021-4820

图书在版编目（CIP）数据

共创式领导力：领导的5个维度：第2版 /（美）凯伦·吉姆斯-霍斯（Karen Kimsey-House），（美）亨利·吉姆斯-霍斯（Henry Kimsey-House）著；陈莹，叶菁译. —北京：电子工业出版社，2022.10

书名原文：Co-Active Leadership: Five Ways to Lead, Second Edition

ISBN 978-7-121-44187-5

Ⅰ.①共… Ⅱ.①凯… ②亨… ③陈… ④叶… Ⅲ.①领导学 Ⅳ.①C933

中国版本图书馆CIP数据核字（2022）第156762号

责任编辑：吴亚芬
印　　刷：三河市君旺印务有限公司
装　　订：三河市君旺印务有限公司
出版发行：电子工业出版社
　　　　　北京市海淀区万寿路173信箱　　邮编100036
开　　本：720×1000　1/16　印张：12.5　字数：162千字
版　　次：2022年10月第1版（原书第2版）
印　　次：2022年10月第1次印刷
定　　价：78.00元

凡所购买电子工业出版社图书有缺损问题，请向购买书店调换。若书店售缺，请与本社发行部联系，联系及邮购电话：（010）88254888，88258888。

质量投诉请发邮件至zlts@phei.com.cn，盗版侵权举报请发邮件至dbqq@phei.com.cn。

本书咨询联系方式：（010）88254199，sjb@phei.com.cn。

推荐序

我们身处后疫情时代，经济放缓、地缘政治、战争、逆全球化等事件，使我们陷入前所未有的迷茫。许多东西需要被重新定义，包括领导力。

我们中国人所说的"上善若水"，即面对不同的环境，智慧的人应该如水似风，灵活应对，不可拘泥于自己固有的思维和行为模式。"上善若水"也可以用来指导我们处理现在的种种难题。但"如水"到底是要做什么？如何做到"如水"？没有具体的答案。

共创式培训学院创始人亨利和凯伦·吉姆斯-霍斯也在寻找答案。他们在学院教职人员和毕业生长期共同协作、发人深省的讨论的基础上，提出了"共创式领导力模型"。他们相信，领导力不只属于金字塔尖上的少数"天选之子"，每个人都可以通过自我选择来成为领导者，即面对世事跌宕，每个人都可以根据实际需求和内在天赋，选择成为以下5个维度中的某种领导者：共创式内在领导者、共创式幕前领导者、共创式幕后领导者、共创式协同领导者和共创式场域领导者。每个人还可以根据当下的需要，在5个维度间灵活切换，与当下共舞。

因此，5维领导力模型很准确、很全面地解释了"如水"的内容。这本书中，作者详细解释了5维领导力的具体含义、运用场景、训练方法，还提出了非常实用的身体体验方法，可以帮助我们从认知和身体感受等不同方面学习、掌握。

共创式领导力天然注重平衡，包括"共"——自我接纳和自我负责的状态、与他人连接、感知场域、感知能量、流动、共舞，与"创"——行动、投入、创造、实施——的平衡，理性思考与感性直觉的平衡，5种领导力的平衡，个体意识与集体意识的平衡，忠于自我与协同共舞的平衡，幕前的勇气与幕后的支持的平衡，等等，如同"阴"与"阳"的平衡。在这个意义上，共创式领导力非常接近"道"，可以引领我们走向内在的安宁与外在的完善。

因此，我非常期待《共创式领导力：领导的5个维度》早日与读者见面，以帮助更多的人。

王瀹佳

高管教练，沃尔玛前高级副总裁，深圳世领咨询创始人

译者序

两位译者曾分别于2008年、2012年参加了于美国和日本举行的"共创式领导力"的进修课程，在那里我们幸运地结识了作为课程导师，也是本书的合著者亨利。本书的翻译也是我们回顾自身的成长历程，从实践收获中再次回到理论并深化理解共创式领导力模型的过程。

"共创式教练"专业课程在全球23个国家及地区有近300位授课导师。所有的课程全程由两位导师共同带领。任何两位素未谋面，不同背景的共创导师聚到一起，不需要长时间的准备，都会在课程带领中呈现出令人惊叹的默契。这要归功于共创式领导力的训练。为期一年的"共创式领导力进修"是共创导师的必修课，而本书所介绍的5维领导力又是其中的核心要素。过去10年，我们与数十名全球的共创导师在世界各地有过合作。在与不同文化背景、不同风格的导师和学员的共创中，我们亲身体验和见证了5维领导力的奇妙之处。

后疫情时代，多维度的领导力不仅仅是一种可能，更有其必然性和必要性。人类正在经历从未遭遇的难题和挑战，需要我们更好地连接自我，找到内心的稳定和力量；连接彼此，在关系中相互支持，为彼此赋能；连接更大的世界，与自然和万物和谐共存。我们的潜力与智慧将会被极大地激发，将会更有信心和勇气共同面对属于这个时代的艰难挑战。

在我们与众多的组织和领导者工作的过程中，客户们曾无数次描绘他们理想的工作场景："人人都是领导者，每个人都可以充分发挥自己的天赋优势；大家各尽所能，协作共赢；既有高效的产出，又有赋能于人的工作氛围"。本书通过对共创5维领导力的详尽阐述，为这样理想的场景提供了理论模型、工具方法，以及大量的成功案例。

如果相信每个人都是领导者，你会发现在生活和工作中，我们时时在幕前、幕后和协同领导者的身份中切换。以管理者为例，作为幕前领导者的你可能带领团队为一个重要的项目设立愿景目标和制订计划；作为幕后领导者的你在团队成员失去信心和动力时给予支持和鼓励；而作为协同领导者的你会在重要的时刻与你的团队成员并肩作战……总之，无论你是否知道或者愿意，你都会对周围的世界产生影响。

内在领导者是我们的内核，是动力、价值和意义的来源。好的领导者能在不同维度间自如地切换，清晰自己的意图并创造与其意图及团队愿景一致的影响。而这份清醒的自我意识，源自我们的内在领导者。它既有自我权威又能自我接纳，愿意放下小我，服务于更大的整体。

我们总是存在于某一系统中，而这个系统又是另一更大系统的一部分。作为领导者，我们需要具备感知系统的能力；当我们面临的挑战超越了已有的认知和经验时，我们需要作为管道，去连接更大的系统，获得信息。中国道家讲天地人，讲顺势而为，如何接收来自天地的智慧？怎么知道势在哪里？这就需要我们发展场域领导力。通过连接自身的直觉和感知，连接来自更大场域的信息。

过去10年，5维领导力模型已经深入我们工作和生活的方方面面。我们也在拉伸不同领导力维度中不断成长，跳出各自独有的维度之舞。

叶菁：

"我天生喜欢与人连接，与不同人一起创造丰富的体验，不太喜欢一个人工作，也对成就和目标没有太多执着。教练是幕后领导者的典型应用场景，支持他人成功和成长也契合了我的价值观，共创的协同领导模式更让我如鱼得水。因此，在很长一段时间里，我对承担幕前领导者的角色有所顾虑，甚至是逃避。我曾认为幕前领导者要承担太多的责任，需要强势推动，并且需要投入太多的时间和精力，从而会限制我的自由和对新事物的探索。

"2019年在日本参加共创学院导师的5维领导力培训，一位日本同事的话让我豁然开朗，'为什么不能用自己的方式来做幕前领导呢'？简单的问题唤醒了我的内在领导者，那个勇于承担，对自我充满信心和力量的权威，还有那份全然允许和对自我的接纳。那一刻感觉自己被松绑了！接下来几个项目，我开始主动承担责任，引领和推动进程，仍然会用我擅长的幕后和协同领导力去影响他人，也渐渐体会到了幕前领导者的角色也可以是轻松和自在的。

"2020年疫情初起，我和同伴们一起发起组织了'积极希望-重建连接'的线上活动，涉及数百名志愿者，数百场活动，数千小时的投入，全球成千上万的受益者……如今两年半过去了，这个自组织社团还在继续发展和扩大其影响力。而我作为最初的主要幕前领导者，在这个过程中，和同伴们一起响应项目的需要，随时准备好以不同的角色为项目做贡献。这个过程，也让我真切感受到了一个'人人都是领导者'的团体所具有的创造力和潜能。每个参与者的内在领导者都在维度之舞中变得更坚定，更有力量，也更加智慧。

"至今幕后和协同领导者仍然是我偏好的维度，但内在领导者的成长和对场域越来越强的感知，使我在需要的时候更有勇气和能力去承担责任。"

陈莹：

"我天然对场域氛围和情绪能量敏感，也擅长深入倾听，只是很多时候不知如何表达这些感知和洞见，也很怕被误解和评判。曾经很多年，我都习惯于做一个默默的观察者，或者仅限于在幕后提供建议。这虽然安全，却并不能让我感到充实与满足；相反，我常常有一种'潜力'受阻、力量受限的感觉。似乎漂流在茫茫海上，虽愤愤不平于际遇，却渺小到时刻会被吞没。

"直到遇到共创式教练和共创式领导力，我听到自己内在权威的声音，也感知到内在力量所在，那是对生命奥秘的敬畏，对爱与智慧的呼唤。场域领导者和内在领导者的训练，让我可以用充满勇气的对话和开放的心态去连接场域的力量，尽可能保持自己的核心稳定性，如实地看见、创造性地表达当下的直觉，同时对自己产生的影响保持觉察。幕后领导者的训练，让我可以用欣赏的眼光去感受眼前的生命，提出强有力的问题，并持续给予肯定认可，为他们喝彩助威。

"渐渐地，更多的灵感和动力开始在我的生命中涌现；越来越多地，我从心而动、跟随灵感去行动和创造，主动发起有趣、有益、有影响的行动。同时，我也开始享受协同的乐趣和成效，在生活和工作中持续寻找协同领导的机会。2015年我与同事合作，将共创式领导力项目引进中国；2016年我成为共创式教练的课程讲师，作为一名幕前领导者和协同领导者带领课程；自2017年开始，持续开发并带领我所热爱的自我探索与个人成长类课程……2020年，我开始带领组织关系与系统教练课程，以及亚隆团体治疗，再次将内在、幕前、幕后、场域和协同的维度之舞跳出独特的风格。

"这个过程并不容易，却充满喜悦和丰盛，那是内心一种真正的踏实和满足感，我生命的一切开始充满意义。现在，我不再是漂流在茫茫海上的渺小个体，而是乘风破浪的狮子船长，和勇敢无畏的船员们一起，陪伴乘客找到他们生命的呼唤，护送他们去往自己的英雄之旅。"

最后，表达我们衷心的感谢：

- 感谢亚芬，本书的责任编辑给予我们的理解和支持。亚芬曾经与我们合作出版过《心桩：领导者的诞生》和《共创式教练》，很幸运我们又完成了一次愉快的合作。

- 感谢姚君和小牛在翻译过程中的协助，她们的反馈，让本书的文字更精确，更流畅。

- 感谢那些一路引领我们、陪伴和支持我们的老师、学员、同事、客户，以及我们的亲朋好友。

- 感谢已经相识或者素未谋面的你选择了这本书，与我们一起展开这场丰富而深刻的共创领导力之旅。

叶菁、陈莹

2022年7月于北京

前言

　　本书建立在简单且有点"激进"的思想之上：领导力不应只属于金字塔尖上的少数"天选之人"。相反，每个人都可以是领导者。无论是何角色或头衔，每个人都可以通过选择这5个维度中的任何一种来领导：内在领导者、幕前领导者、幕后领导者、协同领导者、场域领导者。

　　每一天，我们都身处这5个维度之中。当领导力得到更加广泛的应用时，人们也能更加地卓有成效、更多地自我实现。这种对领导力更加具有涵容性的理解方式促进了人与人之间的连接，并且鼓励人们对发生的事情共同承担责任，以这样的方式生活与工作。

　　本书提供了一个更加具有涵容性的领导力模型，这个模型对不同的表达方式一视同仁。7年前，我们完成了本书第1版。这些年以来，我们持续在个体和组织层面的客户中、在我们讲授的全球培训项目中、在我们自己公司里的各个方面广泛运用这个领导力模型。丰富的实践让我们学习到如何在生活的各个领域应用这个模型。本书的第2版充分扩展了这些应用，补充了很多新素材。第2版新增了两章：第2章"你的领导力发展之旅"列举了共创式领导力模型在不同领域的应用方式；第3章"什么是共创"深入探索了共创哲学，这也是领导力的指导思想。此外，我们对介绍每个维度的具体章节也做了重要更新，在相关的每章之后增加了一些关于发展领导力的建议。

共创式领导力模型让领导力可以成为每个人的选择。组织层面的领导者及在组织中工作的个人、管理者、团队成员，还有社区组织者、社会活动者、家长与家庭成员、团队领导与团队成员、老师与学生、工作伙伴和生活伙伴，以及更多团体，都会发现这本书的宝贵之处。最重要的是，我们希望本书可以唤醒你内心深处那位充满活力与创造力的领导者。

阅读本书可能是一个蜕变的过程，也可能仅仅是一场脑力活动，关键在于你是否能够放下关于领导力的固有认知，开始尝试一个全新的领域，这是一个涵盖所有人的领域，尤其是你。当你拿起本书时，我们邀请你将每一章都当成一次呼唤，找回在你之内的那位满怀慈悲、有连接、有创造力的领导者。

我们在本书中分享的故事来自我们的亲身经历，以及我们的学员、客户和同事的亲身经历。我们对其他人的名字做了改动以保护个人隐私。

如果我们需要战胜当今时代里那些令人颤抖的挑战，我们就必须学会新的合作方式，这种方式将允许每个人施展多样化的才能，活出丰富的人生。我们希望本书既有实际的指导意义，同时也让阅读本书成为一段激动人心的旅程，希望它可以支持你在工作和人生中创造成功和完整的体验。

目 录

第1章

一种新型领导力

1989年10月17日的旧金山，人们一天的工作接近尾声。在位于城市南部的烛台体育场，数千人正聚在一起观看职业棒球世界大赛的第三场比赛。下午5点04分，洛马·普雷塔地震爆发，霎时间地动山摇，窗棂粉碎，建筑物轰然坍塌，并掀起了巨大的尘埃。旧金山的城市电力系统彻底瘫痪，交通信号灯全部熄灭。焦虑的人们争相涌出商业区，在乱作一团的汽车、缆车和行人之中艰难地前行。

在卡尼街和板街，交通却畅通无阻。一个流浪汉正在指挥交通，平时他只出现在这个交叉路口的某个角落。而现在，他站在十字路口的中心，谨慎又自如地管理着交通流量。他挺胸抬头，挥动一只手臂示意前方车辆正常行驶，另一只手则稳稳停在半空，示意其他车辆原地等待放行。律师、股票经纪人，还有那些拿着高薪的公司高管们，都毫不迟疑地跟随他的指挥。之前对他视而不见的人们，现在都在鸣笛、挥手、向他抛出飞吻。

没有人让这个流浪汉站出来指挥交通，也不需要哪位权威人物来赋予他头衔。他只是看见当时有这个需要，就决定承担这份工作。那些听从他指挥的人并不需要浏览简历来确认他是否经过必要的培训。他们立刻成为这个流浪汉坚定的共同领导者，热切地尽其所能去提供服务和支持。

这场地震给这座城市带来了中断和混乱，而在卡尼街和板街两个街区的十字路口，领导力尽展无余。没有花哨的头衔，也没有谁被推选。无论是这个指挥交通的流浪汉，还是那些热诚地跟随指挥的人，他们都没有太多地考虑个人得失，也不在意这是否属于自己的责任。他们的行为只是出于人道且听从内心，在那个当下用各自的方式提供所需要的一切。

人们通常倾向于从单一维度看待领导力，认为领导力是一两个被选中站在金字塔尖上的个体要承担的责任。但正如上面这个故事所展示的，这种观点并不准确。实际上，领导力是多个维度的。在每个系统或计划中都有多位不同的领导者，他们在不同的维度上领导，同时流畅地转换角色。每一天，人们行走在不同的角色和领导力维度之间。每个人都是某个维度的领导者。当人们选择为身边发生的事情承担责任时，人们就能够以一种互相包容且善用个人独特天赋的方式一起工作。

本书的目的在于提供一种领导力的新视角。这个视角建立在一个简单易行的领导力模型基础之上，适用于任何渴望创造成功、拥有自己的世界、活出自己人生的人。在多维度领导力的视角，每个人都有能力成为领导者，可以根据环境和情境的需要在5个不同的维度之间灵活转换。这5个维度分别是：内在领导者、幕前领导者、幕后领导者、协同领导者、场域领导者。每个维度成功的关键，在于意识到我们是既相互关联又相互依存的个体，并将这种意识融入本质与行动的平衡，以及状态与行为的平衡。这正是共创式领导力的基础：我们与自己、与彼此、与我们周围更广阔世界的一种有觉知的关系。

每个人都是领导者

在这个多维度的领导力模型中，每个人都具有领导的能力。当领导力的承诺出现在各层各级时，任何组织或团体都可以生机勃勃、充满活力、富有成效。我们都需要为我们共同创造的生命经历承担责任。我们能够体会到的个人力量和成就感，与我们能够为自己正在体验和创造的生命经历承担责任的程度直接相关。

我们不需要他人来决定我们生命中的机会、挑战和灾难。有些人确实拥有比他人更多的机会。很多人受到外在强加的、来自系统与结构的限制，如种族主义及其他形式的偏执和偏见。但是，即使在最无力、最压抑的情境下，我们仍然可以选择如何看待自己、如何对自己讲述我们是谁的故事。

因此，我们拥有一种创造的力量。没有人能够给予我们这种力量，也没有人能够夺走这种力量。生命不再是"发生在我们身上"——我们是生命故事的共同缔造者，我们共同面对挑战并塑造了反映我们价值观和生命意义的生命经历。

每一天，我们一起创造了我们的世界

尽管我们表达这种创造力的能力和意愿因人而异，但每个人都可以选择如何回应自己生命的境遇。我们可以基于惯常的模式、信念和假设做出自动化反应，也可以对自己做内在的工作，将自己从这些自

动化的反应里解放出来，从更宽广的、更具创造力的选项里做出选择。

领导力的新概念

领导力，这个词很容易让人联想起高大坚定的形象（很多时候是男性），他们勇敢地带领一家企业、一个国家或一项运动。在北美，这些领导者通常是白人；在全球，通常是统治阶层。那些拥有地位和权力的人，通过提供清晰的方向和激励人心的演讲来推动事件发生。

但是，这些领导者很少独自做事。如果他们富有成效，他们周围就会有一大群有才能的人，大家一起为共同的目标工作。从某种意义上说，这些人也是领导者。他们的远见、奉献和承诺对获得成功来说都是至关重要的。

如果领导力不是由地位或头衔来界定，而是由真正从所有人的最大利益出发、做出回应并创造性地解决问题的意愿来衡量呢？如果坚定、投入、承诺的跟随行为也被赋予与领导力行为同样的价值呢？

为了实现这个愿景，我们需要允许当今世界上很多被边缘化的声音拥有更多的空间。我们需要更多包容、公正和相互关联来平衡我们对获取成功的过于执着。我们还需要学习如何看待连接与行动，两者同样重要，都是整体中不可或缺的一部分。

更重要的是，我们需要停止将领导力当成具体的角色，如老师、经理、校长、CEO、家长。我们需要停止以附加在这些角色上的期待和需求来定义领导力。

共创式领导力不是角色。共创式领导力是我们与周围的世界产生关联的一种方式。从这种关联里，我们可以在任何情境下选择任何角色来践行共创式领导力。根据当下的需要，我们可以从共创式领导力5个维度中的任何一个维度出发，在5个维度之间灵活地转换，这远远超越任何一个角色对我们的期待。这是共创式领导力如此富有冒险性的众多原因之一。

共创式领导力可以在我们生命中所有的领域和时刻得到表达，而无须局限于某个具体的角色。生命中的每次互动都是领导的机会，总是可以找到一种方式来领导。在我们生命中的每个当下，我们或者成为领导者，或者不去领导。

当我们进入21世纪后，我们所面对的集体挑战，对任何个人和组织来说都是极其复杂和现实的，以隔绝状态无法解决。

当今世界，我们要如何彼此关联，我们如何建立与地球的关系变得比以往任何时候都更为重要。我们荣辱与共，因为我们的命运在地球这张生命之网中相互依存、彼此交织，这一点变得前所未有的清晰。然而，尽管我们不可避免地彼此连接，分离还是同样显而易见：我们与自己的分离、我们彼此之间的分离，以及我们与赋予我们生命的大自然的分离。

西方医学在治疗各种疾病上卓有成效，但西医倾向于把我们的身体看作是由各部分组成的，而不是一个不可分割的整体。爱国很重要，但民族主义让有些人彼此对立。正义是无私的，但司法系统存在无意识的偏见和系统性种族主义。强烈的精神连接是生命产生共鸣的重要基础，但宗教的宗教激进主义对人类共同的人道主义置若罔闻。人类作为一个物种的生存条件，依赖于我们这颗星球的健康状况，但我们的生活方式在继续对这个星球制造不可修复的伤害。当务之急，我们需要培养有助我们恢复完整的理念和模型，这份完整是每个人与生俱来的权利。

想象一下，如果我们能够深深连接，带着相互依存、相互关联的感觉去生活和工作，把我们的世界当成不可分割的整体，而不仅仅是属于我们的某个部分，从整体的视角出发产生洞见和智慧，那么我们将会获得什么？从微观的个体之间的沟通误导和隔离状态，到宏观的全球挑战如系统性压迫和气候变化，我们需要学会共同面对，这太重要了。我们必须学会尊重和欣赏不同的视角，懂得如何善用更广泛的创造力，因为我们所面对的挑战需要我们这样做。

我们愿为领导力赋予新的释义，一种足够宽广、可以为每个人的贡献欢呼，而不仅局限于顶层某个人的领导力。这个释义可以应用于我们所面对的任何关系和任何挑战。

领导者是那些对自己的世界负责的人

这是什么意思呢？责任这个词通常与负担联系在一起，像是被委托了某件事。责任在英文字典中有多种释义，其中一个是"需要承担的某种义务"。其同义词有负责、失误、债务等。责任令人感到沉重、重要、尽职尽责，也许还带着一丝惶恐。

如果责任大于承担任务，不限于完成工作本身呢？如果我们把责任看作一种选择而非负担呢？如果这种选择创造了一种自我拥有和自我权威的感觉，这种感觉超越了眼前的任务呢？有了这些新的可能性，责任变得更加拓展且滋养，不再沉重或难以承担。

我们选择责任的同时，也获得了内在的自由和创造力。我们能够从一个被动的乘客视角，变为主动面对生命中的挑战，并允许这些挑战带给自己打磨与成长。我们能够战胜小我的恐惧，不再寻求他人的认可，并用自己的存在与爱去面对这个世界。我们选择责任时会变得更加快乐。我们的生命经历是正在展开的冒险，而不仅仅是忍耐。这其中的差异，就像咀嚼干瘪的橘皮和品尝鲜榨橙汁之间的区别那样明显。

在共创式领导力中，责任有两个重要的组成部分。

（1）回应能力（response-able）：能够觉察到当下的需要并据此做出回应；能够基于更加广泛的创造性想法灵活回应，而不是固守成规或亦步亦趋。

（2）承担责任（responsible）：与生命合作，成为生命故事的联合创造者，共同为自己的生命负责。

我们生活在一个熙熙攘攘的世界，从出生到死亡都经历着丰富的人生体验。起起伏伏是生命旅程的必然。然而，如何对这些情境做出回应，则完全取决于我们自己。我们可以选择模式化的反应，将发生的事情归咎于他人；或者我们也可以从这些情境里创造，把挑战转化为推动自己和周围的人进化成长的机会。这也包括主动维护所有人最大化的合理利益。

选择创造性地做出回应而不是反应，我们就不再感觉像是连滚带爬地试图追赶生活，而是坐在了驾驶员的座位上。我们成了自己生命的合作者而不是乘客。如果拥有足够的自我觉察，我们就可以对生命中发生的情境做出回应而不是反应，就可以拥有足够的自我权威去创造、去拓展，有意识地从更多的选项里选择行动。

从这个新视角出发，发展领导力不再是获得新技能。相反，发展领导力的焦点应该是扩展我们能够承担责任的范围。有时候这个范围可能很小。有些人没办法为自己负责，他们浑浑噩噩地度过一生，与不同的人擦肩而过，毫无觉知地活着。

"每个人都有能力选择领导力"，人们对这种观点持有疑虑也是可以理解的。那些缺少觉知、不想承担责任甚至逃避责任的人怎么办呢？难道这些人不该被督促、被指挥、被教导应该做什么吗？

还有那些自私自利、专横跋扈、毫不关心他人的人呢？难道不需要提防他们吗？我们如何能够让这些人有能力去领导呢？难道只是通过降低标准、削弱每个人领导的力量吗？

我们坚持认为，每个人都有增强自我觉察和承担责任的能力。以这种方式自我成长的好处数不胜数，包括从更大、更有效的成功到更深层的自我实现感和幸福感。更重要的是，当我们开始理解自己并不是隔绝和孤立时，我们就会连接到一种意义感。我们会意识到日常的选择会影响到周围的世界。在我们的经验里，这正是大多数人所渴望的：知道自己有影响，在自己的有生之年有所作为。因此，当我们对做出回应和承担责任保持敞开时，我们将连接到更深层的意义与目的。

重要的是，每个人对自己的生活承担责任，并不意味着每个人应该对所有决策施加影响，也不意味着每个人都需要对决策感到满意才行。在一个家庭里，父母需要做出一些孩子并不喜欢的决定。在一个组织里，为了实现整体利益最大化，高层管理者需要制定一些不那么受欢迎的决策。清楚地了解哪些人的输入是有价值的，以及谁是最终的决策者，这对任何决策过程都是有帮助的。

同时，我们在这里探讨的各种责任，都无法脱离具体的情境。面对具体决策和事件，我们总是可以选择如何回应。是坦率勇敢地回应，还是为了摆脱困境独自走开？是尝试寻找不同观点的价值，还是抱怨个不停？

事实是，我们的世界并不总是公正合理的，每个人得到的机会和资源并不都一样。很多人被欺侮、被忽视、被边缘化、被压迫，或者本应享受的正当权利被有意无意地忽略。这种权利的差异应当被正视，我们之中拥有更多权利的人也需要承担更多的责任。当我们可以更加有意识地选择创造性地回应，而非受制于反应时，我们将会在内心和生活里创造更多的共鸣和力量。

视每个人为领导者，每个人都有能力做出回应和承担责任，这个简单的决定让我们用新的眼光看待自己，也让我们用新的眼光看待自己与他人的关系。我们对自己和他人的期待从此变得不同。我们开始向机会与扩展敞开胸怀，不再被困在指责与评判里。如果我们可以越来越多地去寻找他人展现责任的行为，我们就能够发现更多这样的行为。

我们变得不再自私和自以为是。更重要的是，我们有能力跨越将我们与自己分离、与彼此分离、与更大的世界分离的那道鸿沟，在生命中每个闪耀和艰难的时刻发现连接与完整。

第2章

你的领导力发展之旅

共创式领导力模型是26年来，我们与不同年龄、文化和成长背景的人们共同合作的结晶。这个模型易于理解、便于实践。换言之，共创式领导力模型是一个实用的模型。

阅读本书可能会让你感到兴奋，只有将模型应用起来，在生活的各个方面练习与实践，才能获得本书的完整价值。

共创式领导力模型可以将领导力应用于生活的各个方面。每一天，你都机会去练习与实践不同方式的领导力。模型由5个紧密相连的维度组成，这5个维度之间没有从属关系，所有维度都具有同等的重要性和价值。

你可以从5个维度中的任何一个进入共创式领导力模型。通常，从任何维度都可以毫不费力地转换到另一个。如果能够根据当下的需要从一个维度灵活切换到另一个维度，你便掌握了领导力的精髓。

如果你发现自己困在生活的某一个领域，选择一个特定的维度来迎接挑战往往会有所突破。你可以在不同领域尝试不同的维度。如果你和伴侣成为协同领导者，你们教育孩子的方式会有什么变化？当你作为幕前领导者与孩子互动时，你们的关系会有何不同？当你选择作为幕后领导者与下属合作时，又会有什么不一样？

这里列举了几个可能的应用场景。

个人领导力发展

当你阅读本书时，注意每个不同的维度带给你的感受：哪一个让你感到熟悉和有共鸣？这表明在这个维度你是相对熟练和胜任的。哪些维度让你感到陌生，有不舒服的感觉？这些维度为你提供了一张发展地图，来帮助你拓展表达的范围和运用领导力的域度。

在涉及5个维度的每章结尾都有一些简单的建议，你可以应用这些建议来拓展自己在某一维度的领导力。将注意力集中在那些对你最具挑战的维度上，观察你的影响力与力量的拓展。

与团队合作

我们在应用共创式领导力模型发展团队方面取得了巨大成功。如果你的团队内部竞争激烈，常常需要通过对抗来获取权利，那么可以教给他们这个模型，并为每位团队成员分配一个特定的维度去练习。一旦人们清楚地了解他们可以贡献与创造价值的方式，他们就会更少地去控制。这些特定维度的练习并不是永久性的，只在较短的时间内适用：如一周，或者在特定的项目周期内，甚至只是在一次会议或头脑风暴中使用。认识到团队领导力的来源是多种多样的，会为所有团队成员拓展更多贡献的机会。

如果你的一个团队成员很有能力和洞察力，但不愿意站出来，则你可以作为幕前领导者鼓励他更多地表达；你也可以请某些成员关注场域领导力，充分发挥他的本能与直觉天赋来激发创造力。这种灵活的方式使得团队可以快速地进行尝试和反复练习，从错误中学习，并不断做出调整。

在多元化的团队中，共创式领导力模型提供了一个共同的语言基础，尊重不同的贡献方式，这将有助于培养团队的合作与协同能力。

在家庭里

鼓励孩子成为某些项目的幕前领导者，这样可以帮助他们建立信心和责任感，并强化他们的信念：这个家和这个世界重视他们的价值。成为他们的幕后领导者，让你的孩子感到被支持和被看见，能够增强彼此的信任，并提高他们的自尊程度。与你的伴侣建立同盟关系，使用协同领导力，在你们的关系中彼此合作与支持，围绕你们共同的价值观更好地协作。

我们已看到，许多客户和学员将共创式领导力应用于组织家庭会议。家庭成员轮流承担不同的领导力维度，每次会议都有不同的幕前领导者、协同领导者和幕后领导者。

诚然，作为父母你需要设定一定的界限以保持家庭的稳定。然而，如果你把孩子也当作这个家庭的领导者，让家庭的结构更加扁平，孩子们就会真正感受到被包容和重视，他们也会越来越善于做出周全而明智的决定。

在组织中

在一个组织内广泛应用共创式领导力模型可以培养组织的敏捷度并增强组织内部成员的参与度。特定项目工作组可能会打破部门的壁垒，以更具有活力的方式进行合作。当跨职能团队通过领导力的多维视角进行互动时，他们会对自身职能以外的其他职能更加敏感，这使得人们更加关注全局和更大范围的影响。

在组织中引入共创式领导力模型有助于突破垂直结构的限制，激活组织的活力和多样性。组织能够兼具稳定性和灵活性，在组织内部形成公平和参与的文化，发挥组织中各类人才的优势。

在网络世界

2020年，新冠病毒在全球蔓延。为了安全，我们所有人都不得不待在家里，通过网络彼此连接。在线连接的趋势席卷全球。突然之间，一切都变成在线了。企业和学校开始线上运营；家庭聚会和生日派对也开始使用如Zoom等在线会议平台进行；音乐表演、新闻节目和名人访谈转移到地下室拍摄和播出。我们以一种亲密和更具有参与感的方式进入彼此的世界。当所有的学习都转移到在线平台上时，我们发现，这些线上活动并非缺乏灵魂和无趣，它们可以让我们走得更近，帮助我们"独自地在一起"。

这种线下向线上的转变将会是持久的，几乎所有事都可以在线上发生。在网络环境中应用共创式领导力模型时，我们发现，哪怕是非正式的应用也增加了参与度和连接感。

人们一旦参与某件事情并承担责任，就会对整件事情更感兴趣。当主持在线活动时，我们会分配参与者关注特定的领导力维度。这个方法非常有效。除学员或团队成员外，当人们持有某个维度的视角参与时，他们会更加投入其中。共创式领导力模型非常容易理解，而且简单易行，人们可以很快学习并开始尝试。我们已将该模型应用于很多场景，从在线家庭会议到成熟的品牌课程，并发现它加深了参与者对学习、影响和结果的共同责任感。

作为一名教练

共创式领导力模型是可以与客户分享的实用工具，它为个人发展和责任承担提供了一个可行的框架。

从本质上讲，教练是通过发展人们的自我接纳和自我权威感（内在领导者），以及鼓励人们以不断拓展自己（其他4个维度）的方式来表达自己独特的天赋和潜能，从而支持人们为自己的人生承担责任的。

每个人都是领导者，都有能力创造自己的生命故事，你的客户也是如此。将你的客户视为他们生命的领导者，并观察他们的变化。告诉他们，他们是自己生命的领导者，并解释这意味着什么，这为教练关系提供了一个赋能的空间。

共创式领导力模型还可以作为一个工具，在客户陷入困境的时候推进行动。将客户的情境作为领导力挑战，陪伴客户探索每个领导力维度，在每个维度对客户进行简短提问。然后请你的客户选择一个领导力维度来面对当下的挑战。

在你生活的各个领域

我们希望你将这些建议作为起点，并挑战自己在生活的各个领域更广泛地应用这个模型。当我们学会将领导力多维度的表达整合到组织和家庭系统时，我们将加深彼此的连接，并增强我们的内在力量和对外在世界的影响。

第3章

什么是共创

" "共创"最基本的含义，就是"一起……在行动"（being in action...together）。或者更确切地说，是"在一起……行动"（being together...in action）。

"共"（co）代表我们的世界中相互关联与感受的一面。"创"（active）随之而起，代表行动导向的一面。由于我们的生活节奏越来越快，我们也变得越来越行动导向、越来越被结果驱动。为了完成眼前的工作而舍弃柔软的状态，这只是权宜之计。而这样做会让我们感到绝望、失去与意义和归属感的连接。我们卷入如仓鼠滚轮般的生活，独自绝望地奔跑，一圈又一圈，却最终发现只是回到了最初开始的地方。

这是为什么从本质和状态出发，也就是"共"如此重要。建立在状态和感受上的行动是完整的、整合的，而非失联的、被驱使的。想要全然体验生命，我们的行动必须扎根于状态及与更大完整性的连接。当"共"和"创"联合在一起时，我们的行动将富有养分、令人满足。

凯伦是本书的作者之一。她曾经被同事取笑，因为他们看见她在回复邮件的时候微笑。当被问到为何微笑时，凯伦是这样回答的："好吧，我在想象那些会读到这封邮件的人，还有我喜欢他们的地方。我在想象我们之间的关系，而这让我微笑。"就这样，一件原本枯燥且隔离的工作因为拥有了"共"和"创"的平衡而变得令人愉悦，尽管凯伦在物理环境上是孤身一人。

共创（Co-Active）之间的连字符非常重要，它承载着"共"与"创"之间的相互关联与平衡。这个连字符代表着"既……也……"的矛盾统一，而不是"或……或……"的非此即彼。

我们大多数时候生活在一个非此即彼的世界。我们或者高效完成工作，或者花时间关心身边的人。我们或者关注健康给自己一些休息时间，或者努力工作完成任务。然而，自然界的一切教给我们的是，"共"与"创"的两种能量，在任何时候都是交织在一起的。因此，正如中国道家思想中的阴和阳，"共"与"创"的共舞创造了完整、和谐与平衡。

共创之道：回归完整

无论是医学还是东方哲学思想与体系，都将完整看作一种未破损、未破坏的状态。因此，共创式领导力将人与生命视为未破损、未破坏的整体——完整无缺、相互关联、彼此连接。

在共创的路上，"整体"尽管经常被遗忘，却真实存在，向每个人敞开。也正因如此，共创之道既是一个旅程，也是一种修炼，一次又一次地回归原本就存在的完整。

这个旅程的方向是对我们自己、对他人、对精神力量强烈的责任与信念——无论我们会如何表达与理解这份责任与信念。我们的修炼，就是把生命活成一种表达，竭尽全力地在生命中的每一天活出这份责任与信念。

回归完整是我们这个时代的当务之急。我们生活在一个极其危险而又令人兴奋的时代，一个充满前所未有的挑战与机遇的时代。这些挑战的解决之道就是服务多数人而非少数人的利益。那些一直被边缘化和遗忘的人们需要得到更多的机会。

随着互联网时代的到来，我们有机会进入这个星球上的任何位置、大量信息，以及各种主题。商品和服务可以跨越国界自由交换。新型病毒与疾病以闪电般的速度在全球范围内扩散。日本的自然灾害几乎可以立刻对纽约市场造成影响。现在，我们更加清楚地了解到，个人的决定是如何给我们的关系、给彼此，以及给整体带来影响的。

共创之道的4个基石

共创之道的基础由4条核心信念构成。我们称这些信念为"基石"，是因为它们共同支撑起共创之道的旅程与修炼。每块基石代表整体的一个面向，提醒我们作为人类善良的天性，并指引我们以更加积极和自我肯定的方式建立与这个世界的关系。

基石1：人天生是富有创造力，存在无限可能，并且是完整的

我们相信人，相信人的本质核心是天生富有创造力，存在无限可能，并且是完整的。每个人本自具足，拥有面对自己人生挑战的所有资源与力量。生而为人，值得被尊重。

有些时候，这种富有创造力的完整性被深深地掩埋在痛苦、疾病与功能失调之下，无法被看到。我们需要将这种本质状态与行为本身作以区分。人们以可怕的行为对待彼此，他们必须对行为带来的后果承担责任。站在这块基石之上，人天生是（be）富有创造力，存在无限可能，并且是完整的，这有别于他们做（do）了什么。

如果你相信人们是破碎的、需要被修理的，他们很可能正如你所料。如果你将他们视为富有创造力且资源丰富的，你就很有可能在自己和他人身上发现同样的品质。我们每一天都在共同创造这个世界，要留意我们把注意力放在了哪里。人们常常感到无能为力、效率低下，正是因为他们被告知自己是错的、不具备有效领导的能力。

过去的几年间，凯伦曾有机会与几座监狱的男性囚犯一起工作。这是一份礼物，让她得以了解人们是如何从很小的时候就开始被训练成认为自己毫无价值的。和凯伦一起工作过的那些人对自己不是领导者这一点确信无疑。他们从小就被当作"问题儿童"来对待。十几岁时，他们逐渐变成了"少年犯"。成年之后，他们成为罪犯和囚犯。他们视自己为"残次品"，并且这种思维在他们的人生经历中不断被强化。

　　凯伦和她的协同领导者仍然坚持将这些男人视为有价值的人，认为他们同样具有良善之心和完整性。尽管他们应该对自己犯下的罪行承担责任，这一点毋庸置疑，凯伦和她的协同领导者也坚持认为他们是完整的、拥有无限可能的人，他们有能力学习、有能力承担责任、值得被尊重与被爱。

　　一段时间之后，这些男人开始变得积极，就像向日葵转向太阳一样。很多人开始改变他们穿衣和说话的方式。一些人开始修复自己与家人和爱人的关系。还有一些人开始探讨他们怎样可以让生活有所不同，怎样能够阻止他人重蹈覆辙——他们自己曾因此付出沉重的代价。

　　并不是所有人都如此敞开。对一些人来说，他们富有创造力的内在领导者被深埋在因社会的不公而造成的伤口之下。还有一些人在与多年累积形成的毒瘾做抗争。但是，这些人仍然发生了很多变化。这让凯伦更加懂得，我们并不知道他们真正经历了什么，他们当时为什么会做出那样的行为。他们必须对自己的行为负责，但他们仍然是值得被尊重和被爱的人。

　　如果我们相信人天生是富有创造力，存在无限可能，并且是完整的，那么他们就很可能以这样的方式展现自己。如果我们同时尊重人的状态（共，co）并且为行为承担责任（创，active），完整与复原将变得触手可及。

基石2：与当下共舞

舞蹈，这个词意味着敏捷与灵活。这个基石告诉我们生命的短暂与不断变化，提醒我们在每个当下全然投入生活，放下对接下来应该会发生什么的猜测。

过去已经逝去，未来尚未开启。我们的生命就活在当下的每一刻。我们的确可以从过去的经历中学习，筹划未来也很有价值，但那并不是生命真正的样子。无论当下如何，如果我们可以与每个当下共舞而非固守死板的计划，我们就是最富有创造力的。

与当下共舞不是那些古怪、轻率的想法。我们的世界正在快速变化，近些年来发生的许多事件都超乎我们的想象。我们以为我们知道未来会发生什么，但这个错觉已经破灭。我们被提醒要臣服于生命，它正在我们之外和之内展开，这需要我们作为共同的创造者全然地参与，把自己交托给这场创造与进化的舞蹈。

我们越多自由地与当下共舞，就得到越多的行动、学习与心流，就更加能够拥抱变化和不确定性。

基石3：包含整个人

沃尔特·惠特曼的《自我之歌》里有一段非常精彩：

我自相矛盾吗？

好吧，那么，我自相矛盾。

（我很大，我包含很多。）

实际上，我们每个人都很大，都包含很多。每个人都是一个由很多个自我构成的独特又复杂的星座，这些自我各有不同、常常自相矛盾。

我们花了太多的时间，试图将这些不同面向的自我隔离到各自整洁的房间。职业化的自我，衣着得体、有时做事刻板。生活里的自我，一定有所不同。

我们拥有复杂的思维和情感。那种工作的时候就要把生活里的自我悬挂在衣橱里的想法，让工作场所变得冷漠和死气沉沉。别再试图分开这些自我，尽力在生活和工作里做一个完整的人，这样不是更简单吗？

人类不是由部件组成的机器。不可能将我们的身体与头脑分开，也不可能将头脑与灵性分开，还有我们的情感，与以上任何一个都分不开。包含整个人意味着停止划分和压抑那些我们不想面对的自我。

情绪也许麻烦又可怕，但是重要的人生体验。压抑或否定情绪会导致身体和心理的各类功能失调，这是我们的身体在艰难地表达那些被我们推开的情绪。

包含整个人对于我们与他人的关系很重要，这让我们有机会超越我们给彼此贴上的标签，去看见和关注整个人。我们不是这些标签，也不是我们的角色，我们需要学习从一个完整的人开始看待彼此，而不是用标签或者过去的印象将这个人物化。我们对某种类型的人抱有无意识的偏见，因而必然会有盲点，对此保持好奇和觉察是非常有帮助的。

在我们亲近的关系中去实践这个基石并不容易，这意味着我们必须允许对方展现全部，甚至特别是我们不喜欢的那些部分。在任何亲近的关系中，无论是父母亲、孩子，还是重要的另一半，我们都无法用自己希望或者应该的样子建立亲密。我们只能与实实在在站在我们面前的这个复杂又完整的人建立真实、深入的关系。这个基石挑战我们在生活中接纳人性的全部——既包括让我们珍视的那些方面，也包括让我们发疯的那些方面。

基石4：唤醒蜕变

蜕变和进化是生命的核心。看看我们周围的自然世界，所有生命自始至终都在生与死、出现与蜕变的循环中。蜕变正在持续发生。有意识地做出选择将为个人成长与学习提供肥沃的土壤。

那么，我们要如何唤醒自己和他人的蜕变呢？唤醒通常意味着"引起"或"召唤"。同义词有激起、呼唤、醒来。反义词有遏制、压制、抑制。因此，唤醒蜕变是四大基石中最具方向性的一个，也是最有空间感和吸引力的。

唤醒蜕变不是试图在生活中控制或支配他人，不是让他人变成我们想让他们成为的样子。相反，唤醒蜕变鼓励我们为他人抱持最大可能的拓展，无论那拓展是什么。当我们去唤醒蜕变时，我们将放下执念、拥有说出真相的勇气。我们将能够干净利落地问出直接且有挑战的问题，而不需要担心是不是问对了。

唤醒蜕变的基石提醒我们，在这里是为了服务自己和他人的进化，这意味着所有人都在通往更大意识的旅程之中。唤醒蜕变邀请我们更加全然地参与到生命正在展开的奥秘之中，并以任何可能的方式为人类的进化旅程做出贡献。

第 **4** 章

共创式领导力模型

共创式领导力模型最初建立于2010—2011年。那个时候，占领运动和"阿拉伯之春"这样令人兴奋的游行席卷全球。媒体称这些游行为"毫无领导"。但是本书的作者之一，亨利，观察了整个游行过程。他发现不同群体的人在决策与行动的时候是和谐统一的。亨利认为，这些游行不是没有领导，而是"充满领导"——充满了以各种方式领导的领导者们。他受到启发创造出了一个简单的模型，来支持这种多维度的领导力延续下去。

亨利相信围绕这个新模型集思广益是很重要的。他希望可以尽其所能地与更多人探讨这个模型，于是他从"亨利·吉姆斯-霍斯的世界"出发，驾车穿越了整个北美，途经30多个地方，与当地的共创式领导者们交谈。每个晚上他都会与凯伦通电话，具体讨论自己当天的发现。一个共创式领导力模型的雏形开始呈现出来。

2014年的春天，共创式培训学院（CTI）召开了一次盛大的共创式峰会，700多位来自世界各地的共创式培训项目的毕业生参加了这次峰会。大家围绕多维领导力模型，以及领导力的多种不同风格，组成了不同的工作群，展开了大量对话。一切就绪，我们开始在与个人客户和企业客户的工作中应用共创式领导力模型。

近期全球性的新型冠状病毒肺炎进一步强化了对领导力模型包容度的需要。这样的模型在拥抱不同的领导力风格的同时，也尊重欣赏我们彼此之间的相互依存关系。随着病毒在世界范围内的扩散，无法否认的是，我们密切相连、彼此影响，面对挑战的解决方法必然是联合起来、携手前进。

没有领导者却充满领导力的运动仍在继续。"黑人的命也是命"和"我也是"这两个运动最能够体现这一点：每个人都承担责任，共同创造一个真正包容的世界。

一维领导力

领导力的一维模型不具备欣赏和尊重不同类型领导力的视野，因为这些模型无法在关系中激发责任承担。无论是家庭或是职场，真正富有效率的，是那些具有多维度和包容性的模型。这就使得领导者成为一个灵活的系统，每个人都可以拥有领导力，无论他或她的角色与头衔是什么，每个人都可以根据当下的需要在领导力的不同维度之间流畅地移动。

在一维领导力结构中，典型的沟通顺序是由上至下传递的，这意味着创新停滞、参与受阻、合作转瞬即逝。如果人们不得不在各种管理层级之间艰难行进才能推动事情进展，那么生产力将会下降。组织在面对变革的时候会变得迟钝且缓慢，这在动态的环境里将是致命的。无论是在工作还是生活中，我们都正在面临前所未有的挑战，需要去适应这个无法预知、迅速变化的世界。

多维度和敏捷性让我们得以连接到更加广阔的资源，这里有许多有力量的领导者，每一位都正在以不同的方式承担责任。合作性的解决方案开始出现。这在一维、垂直的领导力结构中不太可能发生，因为一些重要的事情经常会被忽略。

关系型与交易型领导力

在一维的领导力结构中，领导力是交易型的，焦点在于如何能够让其他人做你想让他们做的事情。我们认为这就是成功的关键。我们希望可以快速高效。我们担心人的因素会降低我们的速度、影响我们达成所有重要的结果。但是，如果不是尽可能服务于大多数的人们，这样的结果又有何用呢？而且，如果不是尽可能包含多角度的输入，这样的结果又有多少完整性可言呢？太多的创新性、创造力，以及创造性思维在这样的交易型方式中消失了。这种方式也是很多压迫和腐败的根源。

共创式领导力天然注重关系。共创式领导力建立在贡献与服务的理念之上，是我们与自己、与他人、与周围世界的一种健全且富有创造性的关系的天然产物。把事情完成固然重要。同时，我们由衷地懂得，我们共同存在于这个世界中、需要彼此的力量来获得真正的成功。共创式领导者不是直接冲向结果，而是先从感知如何与他人连接、如何与他人协同开始，这样他们的行动就会是完整的、滋养的。

当共创式领导力发挥作用时，整个系统共享领导力。无论这个系统是一个组织、家庭，还是其他形式的社团。系统中有各种角色与职责，系统中的每个人投入并参与其中，因为他们懂得个体对于整体成功可以做出的重要贡献。尽管结果很重要，但共创式领导者的背景是更大的整体与相关性。

有时候我们会担心，这么多人一起参与和贡献会让我们无法高效行进。我们担心会有太多的共（co），而没有足够的创（active）。有一点很重要，君子和而不同。对一群人来说，一起高效前进完全是有可能的。大家可以对什么是最有效的行动持有不同观点，同时，围绕一个共同愿景协调一致。当人们被允许参与和承担责任时，他们就会从他人那里寻求建议和信息输入，然后做出深思熟虑的决定，这个决定未必一定符合每个人的观点。

5个维度

共创式领导力模型提供了5个不同的维度，5种领导方式，如图1所示。每个维度同等重要、具有同样的价值。尽管出于学习与练习的考虑，我们将每个维度单独拿出来讨论，但实际上，共创式领导力模型的这5个维度是共同发挥作用的。人们可以在不同的时间扮演不同的角色，根据当下情境的需要在各个维度之间自由转换。

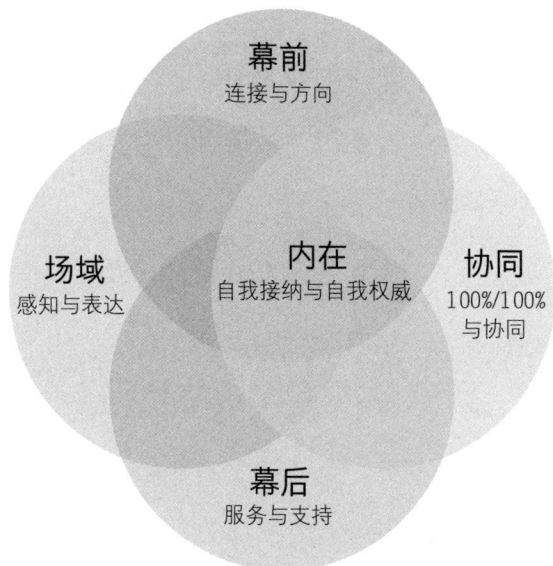

图1　共创式领导力模型

共创式领导力模型的每个维度都是对共（co）与创（active）的一种表达。这两者之间的平衡是关键。如果有太多的共（co），人们会在无尽的过程中停滞不前。动能受阻、向前推进变得不可能。如果有太多的创（active），连接感与关联性就会消失。领导者会变得失联、只重交易、缺乏用心。

接下来是我们对共创式领导力5个维度的简单描述。在随后的几章中，我们会更加完整详细地介绍每个维度，并举例说明每个维度可以怎样具体运用。

共创式内在领导者：自我接纳与自我权威

共创式内在领导者位于这个模型的中心，与其他4个维度部分重叠。这是因为共创式内在领导者是整个模型的基础，构成了其他4个模型的大本营。源于共创式内在领导者的领导力是完整的、真实的。如果共创式内在领导者不够强大或稳定，另4个维度就会受阻。

共创式内在领导者有责任全然接纳自己（共，co），并且活出与个人价值观一致的人生（创，active）。他们每一天都在努力做最好的自己，正如圣雄甘地的教导："改变世界，从改变自己开始。"

共创式内在领导者能够跟随内心强大的罗盘做出选择，活出完整的人性，尽管生命本身兼具精彩与不完美。他们放下想要修理自己的想法，努力去拓展和发展自己，这样他们就可以更加全然地活着、更多地贡献于这个世界。他们知道自身有限，而只要真诚坦率、正直完整地活着就足够了。

共创式幕前领导者：连接与方向

提到领导力，我们通常会想到幕前领导者。然而，一位幕前领导者并不是把自己当成老板去让别人做事。共创式幕前领导者培养自己与追随者的连接（共，co），坚守清晰的方向和目的（创，active）。

当一位幕前领导者以共创的方式去领导时，人们会感到振奋、有参与感和清晰。他们会尽心尽力，因为他们明白自己被重视、自己的参与非常重要。事情会以一个流动的、自然的方式向前推进。

共创式幕前领导者知道他们需要他人来实现愿景和达成目标。因此，他们不会试图独自完成目标，不会让自己精疲力竭。

最重要的是，共创式幕前领导者不会受限于小我，他们不会让角色或者头衔来定义自己。相反，共创式幕前领导者知道什么时候应该坐下来，创造机会让他人展现创造力与天赋。

共创式幕后领导者：服务与支持

共创式幕后领导者的重点在于为他人提供所需要的服务，而非维护良好形象或做事一马当先。通过诚挚热情的参与，他们把大家团结在一起并推进行动。因此，他们也是一个组织或一项事业的骨干力量。

共创式幕后领导者致力于为他人赋能、唤醒他人的才智，他们全心全意（共，co）地服务与支持他人，他们深层聆听、提出强有力的问题，肯定认可和喝彩助威（创，active）。

重要的是，共创式幕后领导者并不是推脱或者放手。共创式幕后领导者不只是乘客，他们深深地懂得服务的价值，旅程需要什么，他们就寻找并提供什么。共创式幕后领导者知道自己很重要，也清楚明白自己的全身心投入对于任何努力都重要。

共创式协同领导者：100%/100%与协同

大多时候，联合领导意味着轮流领导。这种方式虽然也是一种合作，但并没有充分发挥协同的优势，协同优势通常发生在两个人全情投入的时刻。共创式协同领导者是两个人之间的一种伙伴关系，在这个关系里，两人同时为他们共同事业的各个方面承担100%的责任。

共创式协同领导者为他们周围的世界承担责任，他们有意识地与伙伴一起展望共同愿景（共，co），并且发挥彼此的力量来创造非凡的协同（创，active）。

共创式协同领导者全情投入，100%信赖他们的协同领导者，他们兼顾开放度、对彼此的好奇心，以及对自我权威的全然承诺与坚守。在共创式协同领导者这个维度，两位领导者会以一种动态的、富有效率的方式向彼此表达分歧。之所以能够这样做，是因为他们都承诺于比个人观点更大的东西。

共创式场域领导者：感知与表达……没有执念

共创式场域领导者的维度将我们连接到一个全方位的视角去看待我们所创造的世界。在这个维度里，领导者慢了下来，他们扩展感官觉受去探索新的洞见（共，co），并以一种创新和创造性的方式跟随直觉采取行动（创，active）。

共创式场域领导者为他们的世界承担责任的方式，是慢下来去观察正在发生的事物所创造的深层影响，他们相信自己的本能和直觉可以超越那些已知和已证明的事物。然后，他们会分享他们的觉察，同时不执着于自己一定是正确的。

对模型的深入讨论

在接下来的章节中，我们将展开共创式教练模型，全面探索每个维度。在第10章"维度之舞"中，我们将再次回到完整的模型，举例说明这5个维度怎样共同工作，以及人们是怎样在自己身上、在组织、团队、学员以及家庭之中使用这个模型的。

第**5**章

共创式内在领导者

很多年前，凯伦和她6岁的侄女克莉丝汀一起种植了一个夏天的花园。她们先种的是金盏花，在富饶的棕壤里插播尖尖的花种。凯伦负责撒种，并确保每一行都是笔直整齐的。克莉丝汀跟在她的后面，将带有明橙色鲜花图片的包装袋绑在冰棒棍上，然后将冰棒棍插在每一行的尽头。

过了一会儿，凯伦注意到克莉丝汀把图片向内绑了，朝向刚刚种下的金盏花。她喊道："克莉丝汀，宝贝，你需要把图片转向外面，这样我们看向花园的时候就能知道是哪几行种了金盏花。""噢，不，凯伦阿姨"，克莉丝汀一脸严肃，"金盏花需要看到图片，这样它们才会知道自己长大后应该成为什么样子。"

尽管这个故事很可爱，但也令人感到难过，因为它清楚地表明，我们从小是如何被教导用外界的眼光看待自己的，看自己应该成为什么样的人，应该怎样行事。我们被教导以外界的标准去生活，被灌输我们应该成为什么样的人。在学校，我们被教导守规矩，站在队列里时双手要放在身体两侧。在每天看到的无数信息里，我们被认为不符合标准，因此需要无止境地购买众多产品来缩小差距。结果我们被比较和定位控制，开始变得盲从，而不是主动地去创造自己的现实生活。

当然，我们所处的环境反射给我们的形象并不总是真实的，甚至难以达成。这使得我们为了获得他人的认可，为了那些难以达成的形象而苦苦奋斗。可悲的是，我们总是达不到要求。我们总是难以令人满意……对某些人来说太矮了或太高了，毛发太多了或太少了，年龄太大了或太小了，说话太柔软了或太专横了。然而还是有很多人依然试图将一个扩展的自己塞进一个剪裁齐整的形象里，以为这样就可以取悦全世界。

我们听到的故事和所在的系统在现实中影响着我们，让我们相信什么是可用的，什么是可能的。这些故事不仅塑造了我们的观念，而且以一种可见且真实的方式塑造了我们的世界和世界观，导致我们相信自己是固定的、无法改变的。

在这样的背景下，我们从领导力中学习到的是通过做事而不是做人来创造价值。我们尽力好好表现，来证明自己的价值；尽量减少失败，对人性和不完美的容忍也很有限。努力工作或者用更高的目标来挑战自己。这并没有错，但这些行为是源于想要证明自己的价值，就算跨过了公认的终点线，我们仍然难以感到满足。

我们倾向于认为领导力要聚焦于外在的事件或目标，而非从内心的真相开始。实际上，我们自己才是那个开始的地方。如果我们没能和自己在一起，就无法做出稳固的、有意识的选择。如果我们对自己内在风景的各种地形不了解，能做的选择就会相当有限。

什么是共创式内在领导者

共创式内在领导者位于共创式领导力模型的中心，也是另4个维度的基础。这是一个自我觉知与做选择的能力持续增长的维度，这个维度为领导力发自内心的、个性化的表达提供力量。

共创式内在领导者全然地自我接纳（共，co），是自己生命的权威，从心出发为自己的生命做出有力量的选择（创，active）。这样的选择会带来激烈且深刻的蜕变。我们终于可以打开向外求认可、求接纳的枷锁，意识到实际上我们已经足够好了，我们不需要通过再做什么来赢得接纳、认可与爱了。从这时起，一切都不再一样了。

当我们选择自己是谁，拥抱自己的阴影与光亮时，我们就可以超越小我追求完美的需要，拥抱生命正在展开的冒险。会有很多因素试图影响我们做出有力量的自我表达，但当我们能够拥有生命的自主权时，我们就可以诚实地对待自己，跟随内在罗盘，在生命意义和价值观的指引下生活。自我接纳与自我权威是共创式内在领导者的基础。

共创式内在领导者诚实地面对生活，成为自我接纳与自我权威的榜样。当然，我们有时仍然跌跌撞撞。失败，然后复原，这对于我们的成长与发展非常重要。如果我们苛求完美，我们的生活会变成空中楼阁、了无生趣。一个好的做法是可以对自己的脆弱多一些慈悲，多一些健康的幽默感。

在这个共创式领导力模型中，我们深入聚焦在我们与自己的关系上，而不是向外对标一个经过修改的完美形象，并据此认为我们应该长成什么样子。如果我们心中的金盏花可以向内看，朝向我们之内的那个创造共鸣与智慧的太阳看呢？如果我们的根可以坚固地扎根在归属感和自我接纳的沃土上，被我们的独特性滋养，因拥有自己的空间和位置而感到安全呢？我们将如何成长与绽放？我们会梦想与创造什么？

自我接纳

自我接纳作为内在领导者的首要特点，从每个当下如实地呈现自己开始。一旦我们聚焦于活在当下，我们必然会感到惊讶：实际上，我们大多时候都不在当下。我们的头脑喜欢漫游，经常走来走去，就像一只不守规矩、拒绝坐下的"小狗"。学习如何活在当下是一生的功课。这个功课通常有持续进步的空间，但当我们兴奋和感动于自己在这个当下是多么地临在时，然后，再一次……我们从当下的这一刻游走了！

对存在的事物心存感激会有助于保持临在感。比起你期望拥有或者在想象中拥有的生活，对你正在拥有的生活保持临在感要更容易些。感恩是一个简单的动作，但它是我们所知道的最有治愈力的东西。我们不是在这里谈论抽象的积极自我肯定。从我们正在经历的事情中发现价值，有时候这确实需要付出努力。人的一生充满各种经历，有些令人愉悦，更多则是挑战。麻木地推开这些经历，评判自己，或者指责他人，这些倾向会强烈地诱惑我们。

对共创式内在领导者来说，生命的旅程中那些亲身经历的时刻，是带给自己力量与成长的机会，而并非难以忍受却必须忍受的痛苦。这并不意味着我们需要时刻保持开心或者领悟的状态。这意味着我们明白生活中充满机会，只要我们去寻找，就一定可以找到。

当我们学会接纳我们的力量与阴影，庆祝我们的成功与失败时，我们就能够拥抱生命中所有的美与不完美。一旦我们将自己从追求看起来很好、追求正确、表现给他人看的暴政中解放出来，我们就可以安心专注于表达独特的自己，接纳生活所赋予我们的一切并从中学习与成长。

想要真正成为共创式内在领导者，我们必须停止将自己看成一个需要解决的问题。相反，我们需要明白，在自我发展的过程中，我们每一个部分的存在都是有原因的。我们已经拥有了需要的一切，成为共创式内在领导者的旅程就是一场回归本真的旅程。在过去20多年的工作中，我们秉持这样的理念培养与发展领导者，将每个人视为完整的、与生具足的个体，而非支离破碎的个体，我们见证了共创式内在领导者的绽放与光芒。

从破碎到完整，我们必须放下那些不再有助于我们成长的理念，为我们正在创造的生活负责，有时候要做出这样的选择太难了。我们这样告诉自己，保持一点麻木，找些说得过去的理由来包裹自己，还是这样要容易些。活在老旧的、减损生命活力的信念中，有时候是要容易些……但这是真实的吗？

曾经有段时间，我们在新墨西哥州参加一个户外项目，那里有美丽的高地沙漠。其中有一部分内容有关限制性信念，以及我们是怎样带着这些信念生活的，就像在身后拖着一串锈迹斑斑的破旧锡罐一样。带领者将一堆生锈的锡罐扔在我们中间，每个罐子中间都有穿孔。我们每人拿到了6个罐子和一段绳子。我们的任务是用一下午的时间徒步穿越这片沙漠，并同时认真观察限制性信念是如何阻碍我们体验生命的神奇与美丽的。我们给一只脚踝绑上绳子，整个下午都要拖着身后的锡罐行走。

我们就这样拖着在泥土中哗啦作响的锡罐出发了。紧接着，这些锡罐开始在灌木丛和岩石之间钩挂缠绕。过了一会儿，很多人的罐子里灌进了沙子、石块和小树枝，这也使得身后的负担更加重了些。脚上的绳子也一直在断，我们一路上不得不走走停停，想方设法来修复这些断掉的绳子。

随着下午徒步的进行，一切变得再清楚不过，紧握不放这些限制性信念有多么愚蠢。我们亲身体验到这些限制性信念是如何让速度慢下来、如何阻碍我们朝着目标前进的。我们震惊于在照管和维护这些信念上消耗的时间与精力。整个下午过得滑稽可笑，简直是一场悲喜剧。

我们都会有限制性信念，就像在身后拖着一长串哗啦作响的破旧锡罐一样。我们花费大把时间去确认、合理化、维护这些信念。我们执着于这些信念，紧紧地抓住不放。我们遇到过这样的客户，他们顽固地坚守自己的无价值感，当我们试着鼓励他们成为领导者时，他们坚持声称不懂我们在说什么。我有能力、有天赋吗？谢谢，没有。实际上，他们十分确定自己是可怕的父母、讨厌的管理者、没用的人，而不是领导者。对他们来说这一点毫无疑问。

剪断将限制性信念绑在我们身上的那根绳子，从无力感的故事中跳出来，这需要有意识的选择。这样做的回报是我们与自己有了全新的关系，我们将有能力成为自己人生的书写者，从而创造更多的可能。在自我探索的旅程中，这样的工作为我们创造了书写人生的原材料，带给我们最多的滋养。这就是自我权威的本质。我们的人生故事若想跳出没完没了的无助感与绝望故事，走向充满感恩、机会与成长的英雄之旅，需要改变的并不是周围的环境。相反，我们可以通过转变自己的态度与行为来获得力量，在每一天活出人生的最佳版本。

自我权威

自我权威不是终点，也不是只有当我们足够好或者足够领悟的时候才被允许拥有的东西。从我们决定成为自己人生的书写者、为自己的人生负责的那一刻起，自我权威的旅程就开启了。在很大程度上，我们无法控制生命事件的发生，但我们对如何解读这些生命事件拥有全部的自主权。这里有一个例子，可以说明我们在面对生命的挑战时，选择如何去解读这段经历会带来不同的影响。

有两位女士即将失去她们的父亲，她们的父亲身患癌症，而母亲已经去世。对其中一位来说，这个过程令人害怕、难以承受。她的生活非常忙碌，工作的压力让她喘不过气，抚养3个孩子也很艰难。在内心深处，她对正在父亲和她身上发生的事情充满恐惧。她也很愤怒。为什么是她？为什么是她的父亲？她讨厌失控的感觉，讨厌无力改变的感觉。她竭尽全力照顾父亲，但她发现要把自己内心的感受说出来太难了。她的父亲太虚弱了，她不想再打扰他。当父亲去世时，她感到深深的悲伤和巨大的空虚。

而对另一位女士来说，这是一段令人心碎的蜕变之旅。她的生活同样满负荷，面对高压力的工作和抚养3个孩子的挑战。但是，她希望尽可能地陪伴在父亲身边。于是，她与同事以及家人商量，争取他们的支持，请求他们可以分担一些自己的工作。她和父亲共同面对这段经历，经常一起探讨死亡对于彼此的意义。当父亲去世时，她感到深深的悲伤，也对能够陪伴父亲一起走过这段重要的日子无比感恩。

同样情境，两个故事。这两位女士为各自创造的生命体验极其不同。第一位女士选择创造了一个沮丧、空虚、拒绝接受的故事。第二位女士选择创造了一个深入、用心、亲密的故事。她们选择创造非常不同的人生。这就是我们想表达的："每一天，我们一起创造了我们的世界。"在生命里的每一刻，我们都有机会用一种自我滋养、自我肯定的方式去书写或改写我们的故事。我们只需要选择这样去做。

选择者

你和创造共鸣的生命故事之间，只需要一个选择。但为何我们常常不这样做？为何我们常常发现自己身处乏味且沉闷的人生故事中，并且疑惑自己怎么就活成了这个样子？在本章前面我们曾提到，从年幼时开始，我们就被教导要长成不是自己的那个样子。有时候这些信息是明确表达出来的，但更多时候这些信息是隐藏的，因此是无形却持久的。我们学会了不相信自己的天性。随着我们逐渐长大，这些信息成为模式和习得行为。大多数时候，我们只是对外界做出简单的模式化反应，而且从未质疑过为何如此。

我们相信我们的反应是建立在事实基础之上的，但实际上我们只是仪表盘上那只摇头晃脑的小狗。只要汽车一颠簸，小狗的头就来回震动，根本没有选择可言。选择的缺失剥夺了我们的自我权威，破坏了我们的自我接纳。一次又一次，我们对生命中发生的事件做出反应（react），而不是选择创造性的回应（response）。然后我们对困在一成不变里感到疑惑，想知道为什么事情总是以同样的方式一次又一次地发生在我们身上。

当我们的内在领导者变得稳固和清晰时，我们就能够在做出反应之前，深吸一口气，然后选择创造性的回应，而不是机械的反应。这就是加强内在领导者如此重要的众多原因之一。我们对内在领导者的画面越亲近与熟悉，我们就越有能力打破这些模式化的反应，从而选择在更宽广的空间做出回应。这样一来，我们的生命开始变得充满动力、共鸣感和满足感。

生命意义和价值观

我们对生命意义和个人价值观的理解可以指导我们创造富有活力和满足感的生命故事。当然，跟随外界的诱惑去追求成功，获得地位和金钱并没有错，但这些无法带给我们深深的满足感。理解生命意义并清晰地表达出来，这将有助于我们成为共创式内在领导者。我们发现，更有创造力的自我表达可以在生活中为我们创造意义和连接感。

我们的生命意义是一个过程而非结果。如同北极星，生命意义为我们指出生命旅程的真正方向。一生之中，我们会找到生命意义的多种表达方式。我们会投入不同的关系，从事不同的工作，扮演不同的角色。所有这些都是我们表达生命意义的途径，而意义超越这些途径，并且贯穿我们整个人生。

无论我们是否能够清晰表达生命意义，通常我们都会有一些感觉，知道哪些人生选择是有意义的，而哪些偏离了方向。我的一位客户曾经分享自己对20年空军职业生涯的反思，她本能地意识到这份工作正是她活出生命意义的方式。尽管她并不了解自己的生命意义，却毫无疑问地感受到一致性。当她开始识别并明确表达生命意义时，那些曾经的时刻变得如此清晰，带给她深深的共鸣与意义感。

厘清个人价值观是另一个重要的工具，可以帮助我们理解什么是对自己诚实。价值观不是道德准则、原则或行为规范，也不是我们做什么或拥有什么。价值观是无形的、个人化的，是一个生命由内至外释放出来的品质。我们通过尊重个人价值观来忠于自己、诚实地活着。这会增进生命的共鸣和意义感。没有人能告诉我们什么对我们最重要——父母或我们身处的文化也不行。我们必须亲自去发现它们。

厘清个人价值观需要时间和投入。在充斥着快速答案和现成信息的世界中，人们不愿花时间在这些工作上。厘清价值观的过程虽然需要时间和投入，这时间却花得超值。一旦我们清楚了解自己的核心价值观，这些价值观就形成了一张地图，指引我们通往自我实现和内外一致的人生。

当我们跟随生命意义和价值观的内在罗盘去生活时，我们就是在为这个世界做贡献。我们把一个完整的、富有创造力的自我带给这个世界，我们的参与滋养了这个世界。

如果我们带给这个世界的是一个破碎、受伤的自我，我们会需要其他人照顾自己、帮助自己，好让自己感觉更加完整。这是互相依赖，不是贡献参与。如果我们生来完整，我们会带着丰盛和爱来表达自己，因为我们的表达来自服务与贡献的渴望，而非个人需要。

这就是自立与自私的区别。我们自私的时候，会试图从周围世界索取，以为这样就能感到完整。我们自立的时候，内心充满感恩，拥有内在领导者的自我接纳与自我权威，丰盛的爱自然流淌与滋养着周围的世界。当我们对自己进行内在工作并且"清理地下室"时，完整感将回到我们的生活中。

请注意，我们并没有提到完美。冲突时有发生，分歧随处可见。愤怒、失望、伤心时不时会出现，困惑和混乱也在所难免。如果可以保持完整与连接，上述这些就会成为我们拓展与成长的机会，而非不惜任何代价要去避免的挑战。就像《绿野仙踪》里那只懦弱的狮子，我们不必害怕进入黑暗森林，因为我们知道我们拥有韧性和勇气来面对那里的挑战。

人类共享同样的强烈渴望，那就是为自己周围的世界贡献力量。我们想知道自己的一生为这个世界带来什么不同。共创式内在领导者就是这样一个机会，一个用包容与真心来表达这份渴望的机会。我们不需要拥有答案。我们只需跟随生命意义和价值观，诚实地活着。

从存在（being，co）的视角来看，除了完整地活出我们的人生，我们无事可做。同时，正因为没有什么需要处理或行动，持续成为那个拓展的自己就非常重要（active）。因此，作为共创式内在领导者，做事与做人是相互作用、缺一不可的，这让我们可以从本质和意义出发做事，推动我们一直向更加拓展的自己前进。

因此，自我探索是冒险和服务的行动。我们为了更加有益于世界而发展自己，不是为了获得成功或者赚更多钱。我们放下要做很多事、拥有很多东西才能感到幸福与满足的错觉。相反，我们感到满足，并且从这里出发去做那些让我们感到快乐和自我实现的事情，这让我们拥有了一个充满学习、自我探索、伙伴关系和爱的一生。

成为现实：如何培养和拓展你的共创式内在领导者

发展你的内在领导者是一生的功课。个人发展的道路不可计数，这个清单无法穷尽。如果你勤加练习，你会发现任何个人发展的项目或实践都在加深你对自己的理解。以下是几个简单的练习，根据我们的经验很有帮助。

1. 练习身体体验内在领导者

共创式领导力有5个维度，每个维度拥有不同的能量，对应不同的身体体验，因此学习不同的身体姿势并勤加练习会很有帮助。内在领导者的身体体验可以在晨练时做，也可以在任何你感到不确定或不稳定的时候做。

两脚稳固地站在地上，一只手放在心口，另一只手放在腹部（见图2）。做一个深呼吸，随着呼吸稳定下来，慢慢地闭上眼睛。把你的注意力放在自己身上，放下任何外部的干扰或声音。让你的呼吸持续

图2　内在领导者身体体验
1：自我接纳

地升起和落下，轻松不费力。

想象你正在温柔地抱住自己，就像抱住小孩子一样，有爱又甜美。允许呼吸进入你身体的各个部位，让自己沐浴在这份温柔、爱和接纳之中。

现在，把你不喜欢或者总是评判的那部分自己带进来。同样让这部分自己沐浴在温柔、爱和接纳之中。注意到你的独特性。在这个星球上，没有第二个人与你一模一样。让你的身体充分体验温柔和接纳的感觉。就这样待在完整里。

两脚稍稍分开站，两手放在臀部（见图3）。打开肩膀，头部放松且上扬。眼睛睁开，想象你正在注视自己美好的人生愿景。感受身体的稳定。感受当你自豪、笔直地站立时，身体流淌的力量与自信。

你知道自己是眼前所有一切的书写者。允许自己充满确定感，知道自己有能力驾驭生命带给你的一切。观想各种人生境遇升起又落下，而你做出自己的选择，创作自己的人生故事。

图3　内在领导者身体体验
2：自我权威

2. 创造生命意义宣言

创造生命意义宣言就像站在高山之巅：你看到自己的一生对这个世界的贡献。找到并拥有生命意义带给我们强烈的方向感，也为共创式内在领导者提供了强有力的罗盘。持续发掘并表达生命意义为我们的人生创造了意义感。我们开始一点点懂得，我们这一生之所以会在这个时候出现在这里的奥秘。我们探索的越多，我们懂得的就越多。记住，你的生命意义存在于你之内，因此连接自己的内在，去享受发现和表达的乐趣，它就在那里。

有很多方式可以创造生命意义宣言。在共创式培训学院（CTI），我们用这样一个简单的流程开始。

在一张空白的纸写上：我是＿＿＿＿＿＿（比喻），我带给人们＿＿＿＿＿＿（影响）。

有时从影响这部分入手会有帮助。你对人类最深的渴望是什么？你当然希望人们开心，但是不止于此，看得更多些。你希望他们自由吗？清醒吗？充满爱吗？真实？还是希望他们善良？所有这些，还有更多，都是关于影响的不同版本。

接下来，找到能激发你的各种比喻。生命意义宣言可以是宏伟的、绚丽的，或者接地气的。生命意义不是用来出版的，用不着不好意思。你的生命意义宣言只属于你，它需要能够激发鼓舞并让你感到愉悦。

也许你是一座灯塔（比喻），引领人们回家（影响）。或者，也许你是一包炸药（比喻），制造变革（影响）。又或者，你是马鞍下的刺（比喻），让人们保持清醒（影响）。所有这些举例都可以用于生命意义宣言。

如果你已经找到了喜欢的比喻和影响，就可以继续进化和扩展你的生命意义宣言，增加或者删减词语。这样可以让你的生命意义宣言保持鲜活，因为这里注入了你创造性的自我表达。

你也可以使用不同的形式来表达生命意义。也许你想要把它画出来、跳出来，或者唱出来，在这样一个令人感到愉快和鲜活的过程中挖掘你的生命意义。

生命意义的宣言就像林中小屋：你拜访得次数越多，就越容易找到它。经常拜访你的生命意义，当你感到困惑或者不稳的时候反复诵读它，就像持诵梵咒一样。把这些词和符号装饰起来，把它放在书桌上，这样你就可以每天看见它。

重要的是让你的生命意义宣言持续进化和扩展。把它当成一位亲爱的朋友，你特别享受和它在一起的时光。你不想看到友谊变得停滞或者一成不变，对吗？生命意义宣言也是一样的。允许它变得成熟和扩展，这样它就可以保持动力和鲜活，可以持续引导你、激励你。

3. 厘清你的价值观

厘清价值观的过程让我们向内看自己，识别出什么对我们最重要，什么让我们最有共鸣。如果宁静对一个人很重要，这个人可能会选择住在乡间。如果刺激对一个人很重要，这个人可能会选择城市生活。选择本身并无对错，在上述这两个例子里，如果对调这两位的选择就不对了。一位喜欢乡居生活的人如果搬进城市，可能并不会有满足感。喜欢城市生活的人如果住到远离大城市的乡村，则可能会感到无聊和焦躁不安。

有一个方法可以用来识别你的个人价值观。准备好一张纸和一支笔。

- 回想一个高峰时刻——一个在你的生命中感到非常共鸣的特殊时刻。让这个时刻在你的脑海中上演。你和谁在一起？那个时刻正在发生什么？尽情感受这个时刻，看看是什么让你感到如此满足？寻找那些正在展现的价值观并把它们记录下来。

- 除了食物和住所这些基本的生活需要，什么是你生命中一定要有的？是与自然平和相处吗？冒险与刺激对你来说重要吗？关系与连接呢？你是否在面对挑战的时候最有活力呢？这些都在指向你的个人价值观，试着把它们记录下来。

- 还有一个挖掘价值观的方法，就是看看什么会让你抓狂。当价值观被践踏时，我们会做出本能的反应。看到花生酱被遗忘在柜台上了……又一次。你会生气吗？也许你对秩序有很高的要求。你讨厌被限制的感觉吗？也许你非常看重自由。单调乏味与千篇一律会把你逼疯吗？也许创新与兴奋对你很重要。看看你不喜欢什么，以及背后的原因，把呈现出来的价值观记下来。

现在你的纸上已经有很多价值观了，请圈出其中你觉得最重要的10个，并按照重要性从1到10排列。

接下来，检视前5个价值观，看看你是否全然尊重这些价值观。1~5分，给每个价值观打分。1分意味着你对自己完全诚实，完全活出了这个价值观。5分意味着你完全没有活出这个价值观。

找到那些打分在3分以下的价值观。练习给予这些价值观更多的注意力，你的内在领导者将茁壮成长。

4. 练习个人自律

尽管练习是件好事，但我们的重点并不在于练什么。找到一件在短时间内难以精通的事，然后坚持练习它，以此作为可以更彻底了解自己的方式。瑜伽、功夫、冥想，都可以用来练习个人自律。

冥想是一种简单的练习，每个人都可以练。冥想可以带来平静、减少压力、培养清明，可以滋养你的内在领导者。搜索关键词"冥想"，你会发现有很多不同的冥想方式和方法体系，可以选择最让你感到有共鸣的方式开始练习。

你也可以从众多冥想应用软件中选择一个下载，从你觉得容易做到的开始，即使是每天5分钟的呼吸放松，只要坚持练习也会带来改变。

5. 用好清晨的时间

如果你渴望意义和方向，建立晨练的习惯会有帮助，你将以自己的方式开启一天。当我们好好开始这一天，稳稳站在内在领导者的自我接纳与自我权威里时，一天的时光似乎也被扩展了。晨练不需要很长时间或面面俱到。简单的开始就可以了。晨练的选择无限多，这里举一些例子：

- 日记。拿起笔和纸，给自己几分钟的时间聚焦在思维和状态上。此刻想到什么就写什么，这样做就对了。

- 阅读。读一些能够激励和振奋你的文字——两首诗，几页有启发的书，几段励志的话。

- 运动。去遛狗，在瑜伽垫上坐一会，跑步，或者做几个柔和的拉伸动作。任何可以让你的身体更加鲜活的运动都可以。

- 为这一天设定意图。想想这一天，有这么多的活动和要做的事情，为自己设定一个意图，你想怎样度过这一天？当你投入到这一天的工作之中时，这份意图会帮助你与自己的中心连接，从而有意识地选择把注意力聚焦在哪里。

- 亲近自然。走出去，花几分钟时间在自然里。做几个深呼吸，抬头看看天空，留意季节，观察树木。把自己打开，走进每天都在你身边的美丽里。

记住保持简单，选那些你喜欢做的事。这可能会需要些时间，才能建立有规律的晨练习惯，所以也对自己保持耐心。你付出的努力是值得的。

6. 建立一个感恩清单

感恩是一种非凡的力量，滋养又治愈。总是有些东西让我们心存感恩，这份感恩会提升我们的状态，转化我们的情绪。我们有太多事情可以感谢，这些事情可以很简单，就像阳光照在脸上，或是孩子的笑声。当我们内心充满感恩时，这份爱就会流淌溢出，滋养到我们自己及周围的人。

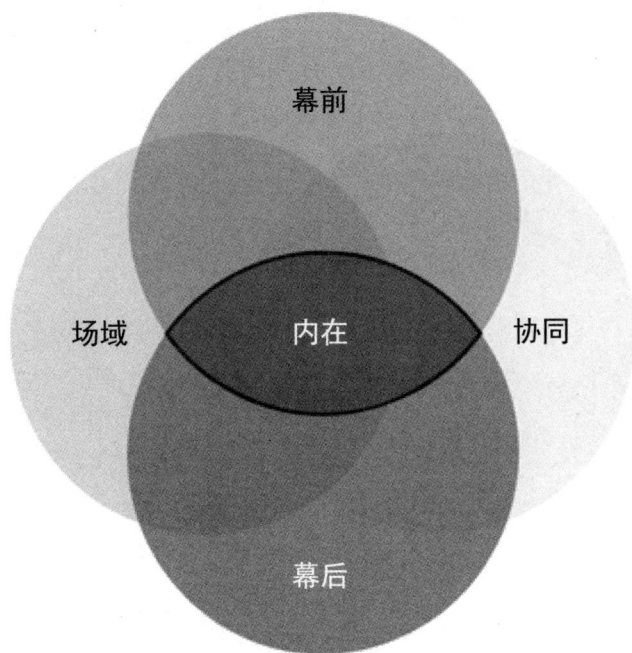

第6章

共创式幕前领导者

当谈到领导者和领导力时，通常我们会想到各种类型的幕前领导者。我们为这些光芒四射、鼓舞人心的幕前领导者创造了神话、传奇和英雄故事。他们曾经挺身而出，走到前面高呼："我知道该往哪里走，跟我来。"

人们经常会期待领导者可以快速推进结果，无论付出什么代价。这就意味着需要命令与直接。然而，共创式幕前领导者并不是操控和告诉人们应该做什么。我们称这种命令加控制型的领导者为"上面的领导者"。在"上面的领导者"眼中，领导力是交易导向而不是关系导向，因为这些领导者会采取任何必要的行动来保证目标的达成。犯错或跌倒是不能被接受的。为了获得成功，领导者必须准备好答案、果断决策、永不言败。

这种领导力的问题在于导致了分离和距离。站在前面的人被孤立了，因为他们无法承受与跟随者距离太近，以免他们的权威打折扣。他们也许会偶尔听取他人的建议，但他们觉得必须要独立决定，这样就不会看起来缺乏力量或决心。

不一样的是，共创式幕前领导者创造连接和参与。共创式领导者的出发点是服务于更大的善，他们勇敢迈进，将他人与愿景相连，谦逊且用心地抱持这段旅程。

什么是共创式幕前领导者

共创式幕前领导者为跟随者们创造连接和参与的体验（共，co），能够清楚地感知并表达方向和意义（创，active）。

对"上面的领导者"来说，人与人之间的连接缺失了。卓越的共创式幕前领导者会以一种令人兴奋、鼓舞人心的方式让他人参与进来，他们的行动是为了拓展与发展这些人。

共创式幕前领导者对人的兴趣一定是真诚且用心的。关心与赋能他人并不是件容易的事。我们有一位高管客户，他从某个管理培训课程上学习到关心他人可以提高绩效。这个课程仔细整理了数据来证明这一点，并且列出了关心他人的10个步骤。步骤6写着："关心人们在工作之余都做了什么。"这位倒霉的高管开始在每周一的早晨邀请他的直接下属来办公室谈心，盘问他们周末都做了什么。不难猜到，人们对此感到不适、产生怀疑。这样生硬的技巧无法培养信任和连接。

共创式幕前领导者懂得用心，展露脆弱，同时也有勇气和承诺。

共创式幕前领导者的共（co）意味着连接、参与、包容。帕特里克·兰西奥尼在他的《优势：组织健康胜于一切》一书中写道："没有参与就没有认同。"即使最后的方向并不是他们想要的，如果可以参与谈话并表达不同意见，人们仍然能够敬业并贡献于这个方向。

勇敢的谈话

共创式幕前领导者创造连接和参与的最佳方式，就是通过富有活力且卓有成效的谈话。这里的谈话，并不是毫无意义的陈词滥调或肤浅的闲谈。一场真正的谈话是富有内涵且有深度的。

谈话这个词源于拉丁文"转向某事"。如果每场谈话都是转向某个重要的人、某件重要事情的机会的，那会怎么样呢？

一场有品质的谈话会向每个人发出无声的邀请，邀请他们一起来创造和发现一些新的东西。那些影响深远的谈话里有一种耀眼的光芒。共创式幕前领导者需要有能力来创造真实、勇敢、富有活力和意义的谈话。

这样的谈话对我们这个忙碌的世界来说很难，到处是简短的电子邮件和140个字的微博信息。这些网络工具本身并没有什么问题，可以用来沟通即刻的想法或简明的信息。但是我们也要持续培养自己进行深入且有意义的谈话的能力。

一场有品质的谈话需要时间和承诺。人们需要保持好奇，并围绕主题坚持深入探索。任何有意义的谈话都需要勇气，因为这样的谈话会挑战我们曾经珍视的信念，让我们愿意去探索未知。

在一篇写给领导者学会的文章中，大卫·怀特写道：最好的谈话非常清楚什么已经发生，什么是当下的可能。这些谈话让我们感到自己是更大力量的一部分，这个力量正在拓展我们和我们的组织，而不是束缚或限制我们。你可以问自己这样一个问题来感受一下勇敢的谈话："我现在还没有去做的那个勇敢的谈话是什么？"

通过寻找那些没有被探索或谈到的问题，共创式幕前领导者可以找到勇敢谈话的原材料，带领人们超越过去的束缚，进入全新的领域。

这里举一个例子，来说明共创式幕前领导者是如何通过领导一场勇敢的谈话，来为团队中每个人创造参与感和认同感的。我们有一位共创式教练在一家大型营销服务公司的零售部门工作。这个部门的业绩曾经是公司最好的，但现在开始下滑。部门失去目标，团队敬业度降到历史最低。为了让这个部门回到正轨，公司聘请了一位新的部门负责人。

新的负责人决定在团队中发起一场勇敢的谈话，以此作为工作的开始。"我是这个街区新来的小孩，我需要你们的帮助，"她这样说，"让我们来谈谈现在的情况。这个部门的领导力去哪里了？为什么绩效如此糟糕？为什么敬业度这么低？"

一段令人不适的沉默之后，有几个人清了清嗓子，开始说话。有段时间，谈话只停留在表面，责怪这个、批评那个，没有任何进展。终于，这位负责人举手打断了谈话。"听起来还是老调重弹，这些天我也听够了。市场发展缓慢，我们的竞争对手抢夺地盘，前任负责人让人头疼，这些我都已经知道了。"

"我想要一个不同以往的会谈，一场大家可以鼓足勇气、敞开心扉的谈话。"她说道，"我们需要改变这个团队，否则大家很可能会全军覆没，就别提重振了。这件事靠我一个人是做不到的。我真的需要各位可以鼎力相助。"然后她再次重复了刚开始提到的问题。

随后，团队成员的发言开始更加真实。一位成员表示，之前的部门负责人管理太严格，久而久之部门就失去了创新性和创造力。另一位成员承认到了最后他已经放弃了初衷，开始有些敷衍了事。还有一位点头说道："虽然羞于承认，但我确实也一样。"还有几位团队成员也纷纷举手表示赞同。

渐渐地，随着这一场充满勇气的谈话持续深入，大家谈到了部门业绩每况愈下的问题。责任承担与绩效评价渐渐割裂开，人们（包括他们自己）对于高绩效也越来越漠不关心了。

尽管这场艰难的谈话耗费了一些时间，但它为接下来的行动清理了道路。第二天，负责人询问团队成员当初加入这家公司的初衷，怎样可以再次鼓舞振作、全力以赴。人们的分享更加真实深入，他们开始感到深受鼓舞。

接下来，这位负责人阐述了自己关于未来发展的愿景。"你们怎么看？你会做出哪些改变？问题出在哪里？"更多充满勇气的谈话发生了，团队成员投入到关于未来发展的讨论，以及要做些什么才可以达成愿景中。

最后，这位负责人停下来深吸了一口气，"如果大家不能够精诚合作，想取得这样的成功是不可能的，"她说道，"现在我了解了事情的经过，自满是我们取得成功的一个阻碍。想继续往前走的话，我相信自满是不可接受的。你们怎么想？"

过了一会儿，一位资深团队成员坚定地拍了一下桌子。"不可接受，"他说道，"不可接受。"另一个声音加入。每位成员紧跟着，宣布他或她的承诺：携手一起、更上层楼。他们一起脚踏实地、行动起来。他们开始彼此信任、承担责任、当业绩不佳的时候勇敢提出挑战。

并不是团队里的每个人都有能力做出改变。变革对一些人来说过于有挑战，最终有一位成员决定离开这个团队。尽管这对所有人来说都不容易，整个团队还是一致承诺继续保持最高标准。这位负责人一直在持续培养坦率、透明、勇敢的谈话风格，她赢得了团队的尊重和信任。这个部门的氛围和业绩开始直线提升。

如果我们的幕前领导者既可以推动结果，又可以通过这样有活力、有勇气的谈话鼓舞和启发他人，那我们的生活会发生怎样的变化呢？

要有勇气做到透明和坦率，这是关键。

透明

当共创式幕前领导者可以坦率透明，而非试图让自己看起来可以搞定一切时，这将创造极大的亲密感与参与度。透明在今天这个时代变得如此稀缺，以至于它出现时会具有惊人的影响力。没有什么比实话实说、开诚布公更能带来信任了。人们听得出来哪句话是真的。不用说也知道。

如果发生失败，清清楚楚讲出来非常重要，"我犯了一个错误，我会为此承担责任。我会这样做……"这样的坦率诚实对于创建一个安全、敞开、允许失败与学习成长的环境至关重要。

我们并不是说要把个人私事拿出来讲。我们提倡的是简单的坦率与真实。我们从小就被教育要做到这两点——看起来得体、把事情做对。然而，多一点混乱和人性化的东西可以让大多数人松口气。当共创式幕前领导者真实呈现时，大家都会更加放松。

这种稀缺的透明可以影响工作环境，也可以影响生活。一对夫妇的婚姻出现了问题，他们很清楚无法再继续下去了。然而，他们想对孩子们隐瞒这个事实。一个巨大的谎言开始被编织出来，家庭成员合谋让假象维持下去，就好像每个人都没事一样。

缺失了透明，就无法服务到每个人，尤其是孩子们。年轻人拥有感知真相的神奇能力。对父母来说，最重要的是尊重孩子们，让孩子们知道现状是什么。

有些领导者会利用表面的透明来操纵情感。但问题是，没有人会买账，因为透明并不是语言那么简单。透明是语言所透出的能量和真情实感。通常人们会难以区分虚情假意和真情实感。在试图操纵的时候，虚情假意并不会带来与真情实感同样的共鸣，相反，那感觉就像在表演。

因为不够真心，这样的操纵会损害信任和信心。无论是不是说出来，人们通常能够感受到这其中的差别。共创式幕前领导者是透明的、真实的、讲话由心而发的，人们会被这样的领导者吸引。

站稳立场

我们对愿景的定义是一个人愿意为之坚守的事情。对共创式幕前领导者来说，最重要的行动就是在面对阻力时，可以用一种鼓舞人心的方式去坚守那份意义和愿景。

在J.R.R托尔金所著的史诗奇幻三部曲《指环王》中，有一个闪光的形象，很好地诠释了一位幕前领导者真正的坚守。在这本书和同名电影中，佛罗多和远征队的其他成员要穿越摩瑞亚矿坑，而炎魔穷追不舍。当炎魔逐渐逼近时，佛罗多和同伴们眼看就要被追上了。这次征程正在面临失败，远征队也将无法活着走出矿坑。

最后关头，巫师甘道夫挺身而出。尽管炎魔身材是他的10倍，他还是选择与炎魔战斗。甘道夫张开双臂，高高举起他的权杖，用一位巫师发自内心的全部信念大喊："你——不能——过来！"最后，炎魔被打败了。佛罗多和远征队得救了。他们继续踏上征程，而甘道夫最终从灰袍巫师晋级成为白袍巫师。

像《指环王》一样，有意义的努力难免遇到阻挠或挑战。作为共创式幕前领导者，当我们清楚为何而战时，我们就能够面对阻挠，坚守愿景，在遭遇比我们更厉害的对手时，仍然可以保护和滋养每个人。

当我们清晰愿景并为之做出承诺时，我们会将自己的感官和觉知完全打开，向那个最远的边界延展。我们明白，在这条道路上，旋转的湍流也是我们要为这个世界负责的一部分。我们明白，与那些我们所珍爱的人一起同行，挑战只会让我们更加坚信愿景，更加确信每一天我们都在创造未来。

正如《指环王》里的甘道夫，挺身而出可以带来深层的转化，因为这样做点亮了一个人的力量和愿景，影响之大，远超寻常。通过一个又一个挑战，我们重新塑造了自己。当我们被推动更加深入挖掘自己时，我们会在愿景中发现更多强烈的共鸣与真相。

勇气

这样做需要巨大的勇气。我们最喜爱的对勇气的定义是"心的怒放"，它来源于法语词汇心脏（coeur）和盛怒（rage），如同激情。勇气并不是没有恐惧。勇气是我们面对恐惧采取行动并超越它的能力。《积极思考的力量》一书的作者，诺曼文·森特·皮尔有句名言："先把你的心扔出藩篱，其他的自然会跟上。"就像一名骑士正在跨越一个有挑战的障碍，共创式幕前领导者需要与内心的热情连接，直面恐惧，让他们的心率先跨过障碍。如果没有这样的勇气，没有"心的怒放"，幕前领导者将无法纵身一跳冲向未知，而在那里，新的发现正在等待着我们。

似是而非与未知

人们通常不会将未知与领导力联系在一起，因为领导力让我们感到安全。我们希望领导者强大、英勇、有把握，我们希望看到领导者即刻给出答案，以及绝佳的创新方法来解决我们面临的难题。尽管这些让我们感到更安全，我们也为此付出代价。如果没有给未知留空间，答案和解决方法就不太可能真正富有创新性，也未必可以创造出更多前进的动能。

只有当我们可以从容地面对未知，拥抱似是而非的时候，我们才能够真正地发展。我们所生活的时代，充满前所未有的变化和不确定性，这需要我们学习如何从容面对未知。这是对每个人的要求，更是对领导者的要求。领导者为了能够在第一时间把事情做对，就会变得死气沉沉和僵化。这些领导者只能停留在已知里，因为他们无法承受失败。

尽管领导者坚守他们的愿景，充满承诺和决心，他们也必须练习对新的可能性和实现愿景的新方法保持开放。当共创式幕前领导者可以理解到所有事情都并不完全正确，可以依靠超越二元对立的智慧和力量，而非做出一个"正确"的选择，共创式幕前领导者就变得鲜活起来。

共创式幕前领导者需要在失败与成功之间取得平衡，需要有能力从两者任何一个之中创造前进的动能。为了他们所坚守的愿景和那些跟随他们的人们，共创式幕前领导者宁愿自己看起来像个傻瓜，在前进中一次次地跌倒，再一次次地爬起来。

坐下来

除了坚守立场，共创式幕前领导者需要能够坐下来，顺畅地切换到幕后领导者的位置，鼓励他人来掌舵。这是"既……也……"的另一种表现方式，也是共创式领导力的核心——对愿景抱持勇敢的承诺，同时保持开放和接收的状态，在一些时候可以放手、允许他人来领导。

从另一个维度承担我们对周围世界的责任，而非囿于幕前领导者这个角色，不受限于职位或者头衔。这样的灵活性为领导力注入了生命力和宽度，也为共创式幕前领导者提供了更多机会参与到他们最重要的工作之中去，那就是培养他人的领导力。

离开前面的位置，移动到共创式幕后领导者的位置，去为他人的领导力喝彩助威，这样做的确有挑战。这需要专注、放下和高度的信任。

我们有很多客户的工作环境是传统的等级制度，这里很难做到让他人来掌握权力，尤其是当站在前面的这个人感到自己应该是给出答案的那个人时。然而， 我们曾经一次又一次地看到共创式幕前领导者从大包大揽转化为赋能他人，这样的转化创造了积极正向的影响。

我们的一位同事阿尼曾经是国内一个非营利组织的主管。有一段时间，他一直绞尽脑汁地想找到为公司筹集年度资金的好方法。有一天，阿尼团队里两位最年轻的同事来到他的办公室，告诉他如果他感兴趣的话，他们有些东西想展示给他看。这两位同事对他们极富创意的新想法做了一个大致介绍，那就是通过社交媒体来筹集资金。阿尼对社交媒体了解并不多，但他认为这两位年轻人找对了方向。在和他们稍做讨论之后，阿尼决定批给他们一笔预算，请他们来负责这件事，而自己会在幕后支持他们。阿尼的智慧和灵活让他在这个时候可以"坐下来"，从幕后来领导。

这两位年轻人为这次筹款负起全责，他们每天工作很长时间来确保筹款成功。自始至终，阿尼都在一旁支持他们，鼓励他们相信自己，全力以赴坚持做下去。这次筹款最后取得了巨大成功，阿尼将全部功劳归功于这两位年轻的团队成员。

创建谈话与稍做休息

本章前面曾提到，幕前领导者的一个重要功能就是创建勇敢的谈话。当领导长期项目或大规模组织转型的时候，以一种更加拓展的方式展开谈话是很有帮助的，包括所有的互动、贡献，以及不可避免的方向调整，这些都有可能在实现大型变革的过程中出现。

共创式幕前领导者需要自始至终参与整个过程，创造互动或谈话来向人们描述愿景，允许人们以一种互相点燃的方式参与并贡献于愿景。

这并不代表幕前领导者试图掌控互动或者微观管理整个过程。共创式幕前领导者懂得不同视角的价值，对任何输入保持敞开，并且以一种创造性而非反应性的方式参与其中。他们整合新信息，持续重塑愿景和方向，并且与每个人保持沟通。我们将这样具有创造力的循环称为创建谈话。

时机是一个重要的因素，共创式幕前领导者通过关注当下的需要来稍做休息。在阿尼的故事里，也许这段时间刚好是他可以稍做休息、让他人来领导的时机。

有时候，幕前领导者需要为了更多人的利益坐下来。领导力的传承和重要变革都得益于领导者对于时机的敏感度，超越了任何个体小我的需要。当共创式幕前领导者清楚他们为何以及为谁服务，同时对正在展开的谈话保持清醒时，这些转变就会自然而然地发生，充满慷慨与心的温暖。

共创式领导力培养的是一个领导者与周围世界的动态关系而非静态关系。想象一下，如果我们的幕前领导者可以更加灵巧地从幕前移动到幕后，会产生什么影响？这个选择可以为我们已有的领导力范式创造出动态变化，并且在组织、家庭和世界的各个层面激发责任感。

成为现实：如何培养和拓展你的共创式幕前领导者

幕前领导者有些时会非常脆弱和感到害怕。这个维度的可见度可能会令人不那么舒服，尤其是那些不太习惯在聚光灯下成为焦点的人。这里有一些练习，可以拓展你作为共创式幕前领导者的舒适程度。

1. 练习身体体验幕前领导者

体验幕前领导者的身体位置，在任何你需要提醒自己敞开心扉连接共创式幕前领导者能量的时候都可以练习。你可以在户外自然环境里练习这些姿势，也可以在安静的办公室里为重要的会议做准备时练习。有规律的练习可以加强你与共创式幕前领导者的连接。

侧身站立，一只手臂向前伸出，另一只手臂向后伸出（见图4）。伸向前的手臂坚定且清晰地指向你想去的方向，这只手代表愿景。向后伸的手臂代表与那些追随你的幕后领导者们的连接。这只手用来牵手和邀请，表达"来加入我吧"的动作。注意连接与方向相交于心的位置，心始终保持敞开和外露。

慢慢地收回你的双臂，直到两只手掌心彼此相对（见图5）。当你做这个动作的时候，想象你正在创建谈话，汇聚人与愿景。

张开你的双臂，好像正在向另一位幕前领导者移交愿景（见图6）。这是稍做休息的动作。

图4　幕前领导者身体　　图5　幕前领导者身体　　图6　幕前领导者身体
体验1：连接与方向　　　体验2：创建谈话　　　　体验3：稍做休息

2. 领导者探寻

着手开启一项领导者探寻可以为你提供一个练习与拓展共创式幕

前领导力的绝佳机会。励志演说家吉姆·罗恩曾说过："设定目标的真正价值不在于完成它。你想获得的东西只是其次。设定目标最重要的价值，在于它可以促使你成为能够达成这些目标的人。"

开启一项领导者探寻的意义不仅仅是完成它，更是一个成为共创式幕前领导者的过程。

什么是领导者探寻？

领导者探寻是用一种勇于冒险的方式来呈现你的领导力，以此带给周围世界切实的改变。

领导者在一生中可能会有很多探寻。其中有些是贯穿一生的、追随生命意义的旅程；还有一些是短期的，可以拓展幕前领导者能力的项目。

领导者探寻涵盖的范围可以很大，也可以很小，这取决于你个人的兴趣和可投入的程度。仔细想想看，很可能你会发现自己已经开启领导者的探寻了。也许是你组织安排了一些事情，只是因为你看到了这里的需要。也许是你接管了一个重要的项目，而这个项目正处于困难重重之中。

为了能够给幕前领导者提供最大化的发展机会，领导者探寻需要满足以下4个标准：

（1）借助外部资源来拉伸、拓展你的领导力。

（2）对你本人和你周围的人是有意义的。

（3）有具体的、可衡量的结果。

（4）你无法独自完成。

这里有一些方法可以帮助你找到可以开始行动的领导者探寻：

- 列出你生命意义宣言的20种表达方式（参考第5章）。观察哪些版本让你感到兴奋和有兴趣，围绕其中一个展开项目。

- 列出这个世界让你感到困扰的运作方式。你愿意为哪一个付出行动？你会做些什么去创造影响？你会邀请谁作为你的幕后领导者？

- 想想什么对你来说是有乐趣、有意思、有挑战的，围绕它来做些事情。记得向你周围的人请求帮助。

在进行领导者探寻的过程中，重要的是快速行动，同时保持对领导者探寻的观察，看看你的探寻会发生怎样的变化、你在这个过程中有怎样的变化。你不需要拥有一个完美的探寻才能展开行动。选择一件你感兴趣的事就可以开始。一旦你开启这段旅程，各种有趣的、魔法般的事情会自然发生，你无法预料！

3. 计划一件事

计划一次家庭度假，一次重要的聚餐，给你的家人或团队惊喜的一天。花些时间想清楚你对这件事的期待。你希望它看起来什么样？

你希望他人有怎样的体验？你希望人们在这个过程的开始、期间、结束时有怎样的互动？

也许你想策划一个大型的项目，有很多活动和奖励。你希望人们开心欢笑、享受体验、在结束时感受到更多的连接。也许你想做一个简单的活动，用很多时间展开深入的谈话。你希望人们能够体验到深深的连接。关于怎么做并没有一定之规，重要的是跟随你心里的渴望去做。

接下来，想象你要如何与他人分享你的愿景。你需要考虑如何向他们提供足够的信息，同时鼓励他们参与和贡献。

记得抱持这样的信念，每个人天生是富有创造力，存在无限可能，并且是完整的。为他们留出空间，鼓励他们参与实现共同愿景。随着事情的进展，你的项目已拥有它自己的生命。如果你可以保持稳定和超然，你很可能会遇到惊喜和欣喜。

4. 找到你的真实声音

花些时间想想你为家庭、团队、组织、世界抱持的1~5年的愿景，然后将这些想法分享给重要的相关人。

请他们给出真实的反馈。你的愿景足够清晰、令人信服吗？能够吸引他人参与吗？他们愿意追随你去实现这个愿景吗？如果是这样的话，具体是什么让这个愿景难以抗拒？如果不是这样的话，是什么缺失了？需要增加或者减少的是什么？

持续精炼和分享你的愿景，直到它让你和他人感到深深共鸣。

5. 主动发起行动

什么是你的家庭、公寓、社区、组织一定要实现的？这些是潜在的可能性，因为只需一个人愿意挺身而出站在前面领导。

发起行动去完成它，领导这个行动。练习让他人参与进来、让他们对此感到兴奋，愿意作为幕后领导者追随你。

6. 领导一场勇敢的谈话

找到一个你在工作或生活中的关系或情境，它已经变得僵化、不再真实。人们在回避什么？这里需要发生什么样的谈话？

告诉大家知道你希望领导一场勇敢的谈话，一起看看紧张焦虑的背后是什么。为这场谈话保留充足的时间，确保环境不会受到打扰。

无论问题出在哪里，从承担你那一部分责任开始。鼓励大家坦诚分享，对彼此的体验和观点保持敞开。练习对他们的想法和感受保持好奇。保持开放的心。练习与大家保持连接，同时抱持一份愿景，让紧张焦虑可以得到清理。

7. 做一次360度领导力评估

一份360度领导力评估为你提供了从不同人群获得反馈的机会。被邀请参与360度评估并提供反馈的人群通常包括直属上级、几位同级、直属下级，以及职能上级。作为被评估者，你可以邀请任何你希望参与评估的人。

我们能找到的最好的360度评估是领导力环评，这个工具收集的反馈信息既包括领导力的关系层面，也包括功能层面。这个工具对领导者潜在的反应模式深具洞察力，这些模式对你进行暗中破坏，阻碍你的领导效能，以及做出有创造性的选择。

收到如此全面的反馈令人惊奇、很有启发。当然，这些反馈也带给你清晰的方向，让你了解作为领导者，你在哪里卓越高效，在哪里还需成长。

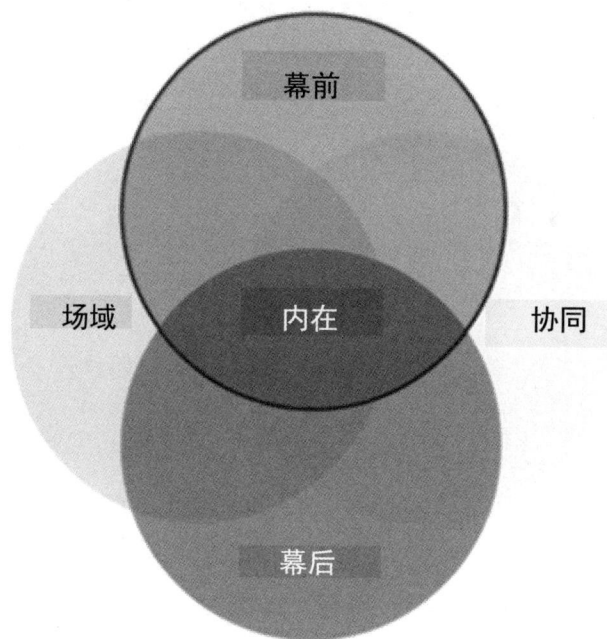

第**7**章

共创式幕后领导者

在第6章，我们讨论了幕前领导者需要具备的灵活度：可以转换到幕后领导者的位置，坐下来让其他人走上前去领导。值得注意的是，这里提到的坐下来并不是放任不管。共创式幕后领导者不会甩手、放弃，或者成为路人。

共创式幕后领导者这个维度也许是被误解最多的。在指令与控制型领导力中，我们认为"幕前"比"幕后"更好，因为幕前领导者拥有所有的权力与影响力。这种想法会给其他人带来无力感，随之而来的就是逃避责任、盲目跟随。

毫无疑问，幕后领导者拥有力量去强化或破坏所有努力。如果那些站在幕后的人们不愿意承担责任，那么团体和组织的活力就会受到损害，分离与分歧会随之而生。被指责的受害者会用怨恨、诽谤和阴谋来进行管理。

成功的共创式幕后领导者深知自己的责任，他们明白自己的重要性。他们在聚光灯找不到的地方为幕前提供所需，并为此感到骄傲。他们既是凝聚所有人的黏合剂（共，co），也是资源保障提供者（创，active）。共创式幕后领导者把自己全然投入到参与和关爱的喜悦之中，滋养他人的卓越才华，因为他们知道这是在增进所有人的利益和整体效能。

什么是共创式幕后领导者

共创式幕后领导者通过包容和动态的跟随来领导。他们向所有人释放积极正面的意图，通过深层聆听、喝彩助威和肯定认可来激发他人的领导力，通过诚实圆满的表达来培养完整性。

当共创式幕后领导者全心全意投入到服务他人之中时，他们就能够激发大家的合作精神。共创式幕后领导者懂得自己对这个世界的责任，他们不需要任何头衔来确认这一点。

德雷克·西弗斯在TED上有一场精彩的演讲，题目是"如何发起一场行动"。这段演讲只有3分钟，清晰地阐释了共创式幕后领导者的力量和影响。在视频中，有一段户外音乐会的场景，一个男人（西弗斯称之为"孤独的怪人"）忽然起身开始疯狂地舞蹈。随后，另一个人加入其中。西弗斯指出，正是第二个人而不是第一个人奠定了这场行动的基础，是第二个人将这个"孤独的怪人"疯狂又孤立的行为变成了一个值得跟随的行动。视频仍在继续，越来越多的人开始加入。很快，每个人都在自由疯狂地舞动着。这场音乐会让观众变成了全情参与的一群人，他们自发地共同创造了一个欢庆的世界。西弗斯认为，实际上，是第二个人和第三个人创造了行动。没有这些幕后领导者投入其中，第一个人就只能是一个独自舞蹈的怪咖。

这就是共创式幕后领导者的力量。大师创造出某项行动的理念，徒弟们把它完整生产出来，使其成为现实并长久存在。当共创式幕后领导者们可以全心全意地跟随时，他们就拥有了巨大的重要影响力。

我们有一位客户，是一家小型制造企业的创始人兼CEO，这家企业雇有近40位员工。这位客户和我们分享了他作为共创式幕后领导者的故事，非常具有启发性。2008年的金融危机对小型企业的冲击尤为严重，我们这位客户也不例外。他挣扎着维持生产线的正常运转，但生意每况愈下，他认为已经无力回天了。

带着沉重的心情，他召开了一次全员大会，向大家宣布了关闭工厂的决定。这位CEO深受大家的尊敬。他非常关心员工，表示希望听到大家的声音，并且愿意检视自己哪里没有做好。

听到这个坏消息，一位老员工举起手："抱歉，先生"，他说，"你真的已经考虑过所有选择了吗？我们相信你，相信我们在这里所做的工作。现在我们需要帮助。"其他人也加入进来，认为大家齐心协力，一定可以渡过难关。

一位员工建议大家可以分成小组，头脑风暴讨论更多的可能性。这位CEO同意了。大家讨论得到了一些有价值的建议，包括全部员工季度性降薪和一系列激进的成本削减措施。CEO与管理团队采纳了这些建议。经过几年勤勉的工作与奉献，这家企业渐渐恢复了生机并成长起来。

这个故事展示给我们，共创式幕后领导者并不是盲目跟从。相反，他们愿意冒险提出强有力且有挑战的问题，以此支持幕前领导者，让他们可以与愿景保持协调一致。共创式幕后领导者百分之百贡献自己，他们不会三心二意，也没有保留，更不怕暴露失败的脆弱，需要什么就提供什么，全力推进每个人前行。

并不是每个团体和组织都准备好拥抱领导力的多种表达方式，而且由于各种原因，在上面的领导者有时会对职位和权力产生执念。共创式幕后领导者需要谨记，不使用权力也会造成影响，唯唯诺诺与盲目跟风需要付出巨大代价，而且只会导致权力的失衡。如果一个环境并不真正认可共创式幕后领导者的付出和贡献，那么也许是时候去寻找一个致力于合作与整体的新环境了。

服务的喜悦

我们通常透过交易而不是关系去看待服务，这是一种反应式的而不是创造性的思考方式。因为我们在职位晋升和沿着梯子爬向顶端的时候，注意力集中在确保自己的付出可以得到同等甚至更大的价值回报上。

在交易的框架下，很多闪闪发光和神奇的服务消失了，因为这里有一个期待或需求等待被满足。真正的服务创造连接，因为它植根于一种富足和慷慨，以及内心深处对做出贡献的渴望。

这并不意味着幕后领导者收获了喜悦就应该无偿给予。无论是何情境，公平交易都很重要。然而，如果我们的关注点仅仅放在服务的交易属性上，很多喜悦感就消失了。圣雄甘地曾说过："发现自我最好的方法就是投身于服务他人之中。"当我们可以在任何情境中准确地服务于当下的需要时，就会感受到丰富的快乐与满足。服务之道充盈着我们，让我们沉浸在慷慨与富足之中。

几年前，亨利在一个为期一周的户外项目中担任助教，参与者需要徒步8千米走到一个偏远孤立的旷野。接下来，20位参与者需要在这里共同生活几天，作为一个团体一起工作，搭帐篷、准备食物、为即将到来的独立生活做好心理准备。

独立生活是这个项目的重点，每位团体成员需要各自搭建帐篷，在没有食物、只有水的情况下独自生存几天。所有参与者在7月的一个炎热的正午重新聚集在一起。经过了多天的烈日烘烤和零沟通，大家拖着沉重的步伐、风尘仆仆地回到营地。

没有人跑上前来兴奋热情地迎接他们，亨利和他的团队在静默中欢迎他们归来，带他们来到阴凉之处，轻柔地邀请他们围成一圈，坐在圆木和树桩上。所有人坐下之后，每人都得到了温热的毛巾，用来擦去手和脸上的灰尘，还有新鲜的水果，用来打破禁食。

这样一份体贴和周到，在这个当下最能够滋养和服务到大家：烈日炎炎之下的阴凉，抚慰双手的温热毛巾，滋养身体的甜美果实。服务于他人意味着真诚喜悦地为他人提供当下所需，并能够提前预见到这些。

提前预见

可以提前预见到什么服务最有价值，这是卓越服务的标志。回想一下你在餐厅或酒店里最愉快的一次体验。也许是前台接待你的人已经知道了你的名字；也许是从机场开了好久的车，又热又渴，进门迎接你的是一杯冰爽的冷饮；也许是服务员还记得上次你来时最喜欢的饮品或菜肴；也许是因为一次特别的事件，这里的人们为你庆祝，并且在你的房间留下一张用心的便笺。无论是家庭或公司聚会，体贴周到和提前预见到这些细节，让人们在任何时候都可以感受到被重视。

像幕前领导者一样，幕后领导者也在展望未来。然而，幕后领导者寻找的不是去哪里，他们寻找的是向那里走去的时候，有可能会需要什么。通过全然活在当下和提前预见到需要什么，共创式幕后领导者抚平了一路上潜在的颠簸，让这段旅程对每个人来说都更加轻松。

这并不是僵化地试图确保不会有任何磕磕绊绊。实际上，有一些颠簸挫折是必要且重要的。意外的惊喜总是带来丰富的体验，也让我们在这段旅程学到很多。如果幕后领导者做好提前预见，即使磕磕绊绊也会有新发现、新收获，而不是挣扎纠结于细节上的考虑不周与缺乏关注。

假设积极意图

假设积极意图是共创式幕后领导者提供服务的重要组成部分，它为共创式幕后领导者设定了方向：寻找与欣赏他人的价值，而不是挑剔批判与紧盯问题。

做出积极意图的假设，意味着我们提前预见他人可能会出错，并容许有人性与出错的空间。当共创式幕后领导者做出积极意图的假设时，他们就能够更快地原谅犯错，并用一种鼓励而不是惩罚的方式去支持他人为自己的错误承担责任。

当我们在某个情境之中或某个人身上发现价值时，我们的视角就会发生明显的变化。事情会从"没办法"变成"有可能"，我们在对待生活的方式上会从反应性变为创造性。渐渐地，这些持续发生的变化会改变我们与自己的关系、与他人的关系，以及与世界的关系。

你是否注意到，一旦你开始想要买什么，如一辆蓝色的迷你库柏，你在路上就会看到蓝色的迷你库柏，是不是？我们会看见我们正在寻找的东西。如果我们在寻找的是问题和"没办法"，那么我们就会遇到难题和不可能。如果我们寻找的是机会和可能性，那么我们就会找到机会和可能性。

试想一下，如果我们都能够假设积极意图，懂得人类总会犯错、调整与修正在所难免，而不是寻找缺陷并想方设法修理他人，如果我们可以在所有事物中寻找价值和有用性，将会怎么样呢？也许这样的情景会成为可能：共创式幕后领导者站在人们的身后服务与支持大家，人们不再需要去警惕自己身后的危险。

这并不意味着幕后领导者会盲目跟从。正如我们之前提到的，幕后领导者有责任选择他们要跟随的人。如果幕前领导者的出发点并不是为了所有人最大的良善与完整，幕后领导者有责任指出来或跟随其他人。

不妄做评判是共创式幕后领导者的基础。在堂·米格尔·路易兹的书《四个约定：通往个人自由的实用手册》中，第一个约定就是"不妄做评判"。路易兹是这样阐释这条约定的："善用你的语言，让你的语言完美无瑕。讲话要诚实。只说你真正想说的。避免说一些与自己本意相悖的话，也不要随意评论他人。使用语言中真相与爱的力量。"

我们的语言创造了我们的世界，这是巨大的力量。有些时候我们并没有意识到，我们所讲的话以及讲话的方式与我们生活里的一切密切相关。

闲言碎语是蚕食任何团体的癌细胞，无论是一个组织还是一个家庭。这些闲话总是发生在暗处，有毒又难以捉摸。由于问题并不是以直截了当的方式得到处理，流言蜚语就产生了。这让我们很难了解真实情况，因此就很难彼此信任。

不妄做评判是一种承诺，让我们的沟通清净无染。这可以确保勇敢的对话，促进完整和亲密。与其在他人背后闲言碎语，不如有话直说，把每个人心中的疑问提出来。

这需要很大的勇气。无论环境有多么安全，要指出皇帝其实没有穿衣服还是会令人感到害怕。共创式幕后领导者需要彼此支持，为了服务于整体效能而勇敢真实表达，找到那些需要讲出来的话而不是彼此不理不睬。

共创式幕后领导者支持他人，同时也帮助他们与最重要的本质保持一致。肯定认可与喝彩助威是两个极佳的方式，可以支持鼓励他人、表达你对他们的信心。深层聆听和强有力提问可以帮助他人找到自己的光芒和内在真相。

肯定认可

肯定认可并不等同于表扬，也不是简单的夸赞。表扬的重点在于欣赏他人的行为。一个人很好地完成了某项工作，因此得到了表扬，这是件好事。然而，肯定认可更具有转化性，因为它表达的是对于个人品质和内在力量的相信。这有助于他人认识自己的天赋，而这些天赋曾经被忽略或压抑了。这样就创造出了亲密和连接，因为这些话直击心灵，在这里一个人正在成长、变得更加强大。

最近，我们的团队中有两位成员出席了一个客户的规划会议，这是一家传统的垂直管理组织。这个会议的目的是设计一个一天的培训项目来发展新能力、培养共创式技能，以帮助员工更好地进入新角色。客户公司有3位代表，米歇尔是其中唯一一位熟悉共创式领导力模型的人。作为人力资源总监，为了能够将这种基于共创式关系的工作方式引入组织，她已经积极准备了一段时间。另两位代表并不了解这种工作方式。大家已经一起工作了一个多小时，却没有太大进展。

这个时候，"肯定认可"作为一部分潜在的培训内容出现了，大家开始尝试用语言来呈现肯定认可的力量与影响。这有点像试图通过电话向另一个人描述日落的情景，这种内在体验在转译的过程中会有所缺失。

突然，一位成员转向米歇尔，她深吸了一口气，正视米歇尔的眼睛。"米歇尔"，她说，"你是一位真正的先锋。一直以来，你都在努力工作，冒险将这样重要的工作引入到组织里来。你有在幕前领导的强烈意愿，而且坚定勇敢地去做你认为重要的事情，公司的员工会从中受益无穷。"

房间变得格外安静。随着这份肯定认可沉淀下来，米歇尔开始落泪。不仅仅是米歇尔，房间里的所有人都清晰地感受到了肯定认可的魔力。过了一会，大家继续进行他们的规划会议，这一次大家变得更加投入了，推进更快，连接也更加紧密和用心。

我们面对肯定认可会感到不好意思。我们觉得尴尬、难堪。我们笨嘴拙舌地寻找合适的语言。深深地看见一个人是一种亲密，我们倾向于逃避这种亲密，即使这是我们发自内心所渴望的东西。率先打开心扉伸手出去的人是在冒险，冒险是需要勇气的。人们希望自己看起来良好、冷静、行动一致。人们不想被认为陈腐、愚笨与软弱。

然而，被他人真实地看见就像水和阳光之于植物——可以让我们成长。肯定认可让共创式幕后领导者连接到人性和心灵，这样他们就可以帮助人们得到最好的成长。这和陈腐与愚笨有什么关系？

喝彩助威

喝彩助威是一种对他人全然的信任。当我们为他人喝彩助威时，我们将他人的旗帜插在山顶，立在前方，让他知道我们正在一旁为他们全力欢呼，从心里完全相信他一定会成功。

为他人喝彩助威是一种鼓励冒险与拓展的强有力方式。在通往有意义的成功之路上，不可避免地会遇到失败和调整方向。人们会很容易感到挫败或想要放弃。当我们为某人喝彩助威时，我们的相信和信念会激励他战胜挑战继续前进，直到最后的成功。为了不断地成就非凡，我们需要知道共创式幕后领导者一直都在，为我们在这条路上迈出的每一步喝彩助威。

几年前，凯伦最小的妹妹玛莎鼓励她开始跑步，并且挑战她参加在旧金山的半程马拉松。尽管凯伦一直很渴望享受发丝在风中飞舞的感觉，但她对自己是否能够跑步相当怀疑。她那年57岁，而且她相当肯定这个年纪已经老到没办法跑步了。然而玛莎完全相信凯伦可以成功。

在凯伦刚开始训练时，她只能偶尔地跑几步，其余时间都是在走路。玛莎依然相信凯伦可以成为一名跑步者。她经常检查凯伦的情况，为她取得的每一点进步庆祝。她宣布她会陪在姐姐身边一起跑步。终于，玛莎对凯伦的信心有了效果，凯伦的跑步速度和距离开始慢慢增加。

比赛的那一天，凯伦感到自己已经准备好了，同时也有些紧张。那天的天气很糟糕——寒冷有雾，还有些逆风。然而，兴奋感和肾上腺素丝毫让她俩不受影响，两姐妹一大清早就跑步出发了。

尽管玛莎完全可以跑得更快，但她仍然全程都在凯伦身边陪跑。当凯伦在半路准备离开时，玛莎拒绝放弃，她用肯定明确的语气告诉姐姐，在这个时候离开毫无意义，这不是凯伦的行事风格。

最后她们一起，昂首挺胸地跨越了终点线。这的确是一场胜利，而她们之间加深的感情和对彼此的爱才是最大的礼物。是的，凯伦一直在努力定期训练。同时，她的妹妹玛莎一直为她喝彩助威，陪伴她穿越了通往成功之路上所有必经的起起伏伏。

深层聆听

聆听与强有力的提问是共创式幕后领导者的另两项重要表达方式。通过深层聆听和强有力的提问，共创式幕后领导者寻找唤醒他人创造力和光芒的机会。

深层聆听可以产生巨大的影响力。没有什么比不带评判的用心聆听更加能够服务和滋养他人的光芒。

遗憾的是，深层聆听变得稀有。我们如此关注产出和结果，这导致我们的注意力被事情占据，而不是人。在日常生活的压力之下，我们通常会努力跑步追赶，通过完成长长的待办清单往前行进。工作上，我们承担交付成果的重压。我们飞奔回家，努力争取可以在精疲力竭之前做完所有事情爬上床睡觉，甚至对待孩子，我们也只是表面上听听，因为我们被太多的事情占据了生活。

同时，我们在听的时候，倾向于听那些说出来的话，把重点放在语言上。回想你曾经历的争论，你把注意力放在对方说了什么、没说什么之上："你就是这么说的！""是的，但那不是我想表达的意思！""好吧，可是你就是这么说的。"这样的对话，听起来熟悉吗？

对共创式幕后领导者来说，聆听他人的内心而不仅仅是语言，这是很重要的。我们必须足够临在和接纳，才能够用整个身心去听见超越语言的表达。

说起来容易做起来难。我们头脑的声音喋喋不休，聒噪且苛刻，充满各种各样的观点、评判和担心，唠唠叨叨、没完没了。这需要经过练习和训练，才能够将我们的注意力从内在的对话转向稳定地聚焦于他人。

想象一下，我们的聆听就像一束聚光灯。当我们聆听自己内在的对话时，内在就被照亮了。当我们训练自己，将这束聆听的聚光灯照向另一个人时，会为另一个人带来极大的影响。

有一位客户向我们分享了这个美丽的故事，关于聆听的力量。乔治是一位非常忙碌的企业家，尽管他深深爱着他的孩子们，他还是经常被生意上的事情占据，心不在焉地听听孩子们的闲谈。

一天晚上，他6岁的女儿想和他聊聊自己的小猫金毛球。那只猫最近死了，就埋在后院里。我们这位忙碌的企业家正在全力准备第二天的重要演讲，于是和往常一样，他用模糊的、敷衍的声音"嗯""啊"来回应女儿。忽然，他的女儿爬上他的大腿，用两只胖胖的小手抱住了乔治的脸，坚决地把他的头转向自己。她盯着父亲的眼睛，哭喊道："你根本没在听我说话，爸爸！"

就在这个时候，乔治意识到小女儿是对的。他做了一个深呼吸，把所有东西放到一边，只有女儿还在腿上。他抱紧了女儿，问她既然金毛球已经死了，她最想念它的是什么。这是女儿第一次面对死亡，乔治没有试图去解释死亡或者解决问题，他询问女儿是怎样看待死亡的，死亡对她意味着什么。他问她是否感到伤心或者还有什么感觉。

乔治慢了下来，认真聆听女儿的回答。

很快，到了睡觉的时间，乔治亲吻了他可爱的女儿，道了晚安。他很清楚地看见，她不仅仅是他的女儿，更是一位正在经历一场重要人生转折的年轻人。他曾经如此忙碌和被工作占据，差点错过了这个重要的时刻。

强有力提问

就像这个故事表达的那样，深层聆听通向连接和好奇。接下来，扩展的、开放性的问题很自然地就发生了。这些问题是强有力的，因为这些问题鼓励他人向内思考对自己最有意义、真实的答案，而不是对倾听者来说正确的答案。在这个故事中，对乔治的女儿来说，重要的是她可以找到自己的方式，自己得出结论，而不是另一个人告诉她什么是重要的、真实的。

我们可以向他人提出的最好、最有价值的问题，通常是简单且纯粹的。重要的是什么？在这里什么对你最重要？你有什么想法，感受和需要？这些问题不需要知识，不需要提供信息或观点；这些问题打开了他人内在的智慧。我们对他人经历的兴趣以及提问时的坦率和简单，会为他人创造巨大的拓展与成长空间。

面对挑战，我们每个人内心都有很多创造性的方式。我们自己找到的答案，通常对我们来说是最有共鸣、最有意义的。教练关系提供了这样一个强有力的环境，让这种探索成为可能。

共创式幕后领导者的力量在于懂得一个人即使不是管理者也可以很有责任感。共创式领导力不是以一个人的职位来定义，而是以这个人对这个世界的贡献，以及愿意为之承担责任的意愿来定义的。

这就扩展了每个人都具有的创造力和智慧，让我们可以凝聚在一起携手共进。同时，这也培养了我们的责任感，让我们能够对正在展开的生活负责。

共创式幕后领导者给人滋养、令人满足。带着真诚的欣赏和尊重，共创式幕后领导者把我们从挥之不去的受害者故事里托举了起来，让我们可以用一颗平静的心来工作和生活。我们可以享受服务他人带来的喜悦，一起带着与生俱来的智慧去创造我们的世界，每天都生活得有意义、有连接、真实。

成为现实：如何培养和拓展你的共创式幕后领导者

轻松成为一名共创式幕后领导者的重要一步，就是学习放下，并相信他人的创造力与才能。我们常常以为，我们是通过解决他人的问题、告诉他人应该做什么、不应该做什么来创造价值的。无论是管理者或者父母的角色，这种情况都存在。

　　而在另一端，我们中有些人可以很轻松地坐下来，只是做一名乘客。以下提供一些练习，有助于发展共创式幕后领导者慷慨的服务和相信他人。

1. 练习身体体验幕后领导者

　　当你感到掌管和控制的冲动，或者感到放弃和消极是唯一的选择的时候，就可以练习这些身体姿势来连接你的共创式幕后领导者。

　　双脚稳固站在地面上，手向前伸，与腰同高，手心向上（见图7）。想象另一个人正站在你的面前，面对着你。想象你的双手正在托举一个巨大的盘子，盘子里装的刚好是你面前这个人取得成功所需要的东西。想象你将这些东西呈交给站在你面前的这个人。

　　还是双脚稳固站在地面上，一只脚的位置比另一只脚稍微往前一些，这样可以让你的重心更加稳固。双手放在胸前，肘部弯曲，手心向外，与肩同高（见图8）。想象另一个人站在你面前，背对着你，似乎已经准备向后倒下。让你的整个身体坚固起来，感受那份要安全接住这个人的承诺。想象你正在说："我接住你了！"想象你说话的方式令人信心倍增。轻微地调整他身体的方向，想象你正在帮助他"校准"愿景。

图7 幕后领导者身体体验
1：服务

图8 幕后领导者身体体验
2：支持与校准

2. 发展你深层聆听的能力

用一周时间来练习，每天留出1小时，练习专注地倾听你身边的人。在这1小时中，你可以与他人持续互动——与同事或下属的一次会议，陪伴孩子睡前准备，或者晚上与爱人谈论这一天发生的事情。你要练习的是保持你的注意力稳定地专注在对方身上，聆听对方说了什么。当你聆听的时候，把对方当成世界上最重要的人。如果你走神了，就重新聚焦在对方身上，聆听对方正在说什么。

这可能会比你想象的更有挑战！也许设定1小时的时间提醒会有帮助，这样你就知道可以结束练习了。

3. 练习强有力的提问

在与他人互动的时候，练习只用强有力的问题来提问。这个练习可以用于与任何人的互动，无论是家庭成员还是下属。如果你对提出强有力的问题感到有些不适，可以如实告诉对方你正在进行练习。记得在互动结束的时候询问对方的反馈，了解这些强有力的提问给对方带来的影响。

强有力的问题是简单的、好奇的、开放性的。这些问题是在邀请被提问者的自我探索和清晰感。这些问题也可以鼓励他人更加完整的自我表达，并推进这些自我觉察。

这里列举了一些强有力的提问，可以先从这里开始：

- 你想要什么？或者，你渴望看到的结果是什么？

- 这对你来说，重要的是什么？

- 这里的机会（或挑战）是什么？

- 下一步是什么？

- 你在忍受什么？

关于强有力提问的更多举例，请参见coactive网站。

4. 为他人喝彩助威

看看在你的生活中，谁正在经历重大的挑战。也许他有一个重要目标需要实现，却受到自我怀疑的困扰。尽管他怀疑自己，而你完全相信他会成功。用一些时间来观想他正在取得成功。留意出现的画面和感受。时常让他知道你确信他已经具备取得成功所需要的一切。在这段起起伏伏的路程中持续为他喝彩助威，直到他成功完成目标。询问他有人在身后支持是怎样的体验和感受。

5. 服务于幕前领导者

选择一位你身边的幕前领导者，一位你深深信任的人。你对这位幕前领导者所领导的方向充满热忱。与她交谈并问一些问题，让自己与她的愿景深深连接。你可以怎样服务于她的愿景？她最需要的是什么？练习让她感受到被支持。寻找她言行中的智慧与洞见。与你的幕前领导者保持沟通，服务于当下的需要。

6. 花一天时间来练习第一个基石：人天生是富有创造力，存在无限可能，并且是完整的

用一整天来练习这块基石，人天生是富有创造力，存在无限可能，并且是完整的。多听少说。多提出问题，少提供答案。对你周围的人感到好奇。是什么在激发他们？他们正在努力实现什么？即使他们的行为与目标背道而驰，试着寻找这些行为背后的正向意图。不要替他们解决问题。相信他们自己可以找到最好的解决方案。晚上花些时间记录这一天的不同之处。当你相信人天生是富有创造力，存在无限可能，并且是完整的时，你的体验和感受是什么？

7. 学习教练

你曾经对怎样可以做一位好教练感到好奇吗？帮助一个人快速成为最好的自己，这里的魔法是什么？一场两天半的教练基础课可以帮助你提升幕后领导者的能力。无论是管理者、合作伙伴、父母还是老师，学习一些基础的教练技能会带来很大不同，让你可以更好地发展他人、为他人赋能。关于更多信息，请参见coactive网站。

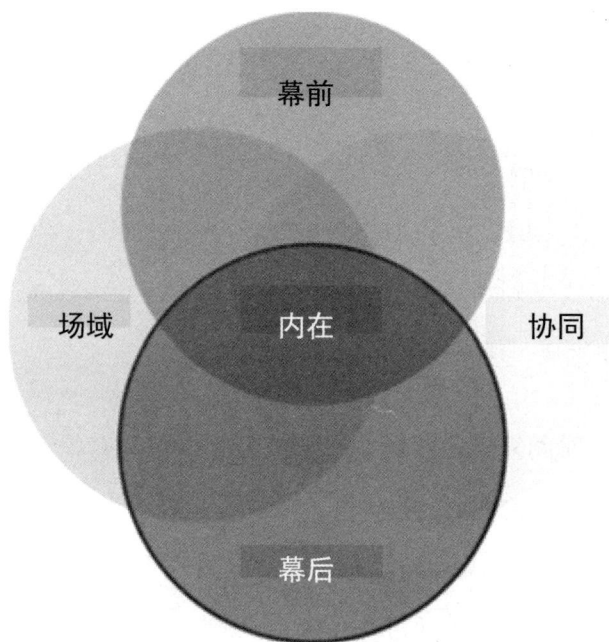

第8章

共创式协同领导者

非洲有句谚语："要想走得快，就一个人走；要想走得远，就一起走。"当有人与我们同行时，我们会有更多的勇气走进未知的世界，冒险进入旅途中的黑暗与混乱。大多数人在孩提时代就本能地知道这一点。当我们闯了祸要面对父母或权威时，我们会拉上兄弟姐妹或小伙伴一起。我们也会接受这位小伙伴的挑战，以我们一个人绝对想不到的方式来考验勇气。我们在这些关系中，往往比在其他任何关系中都更具有活力。那我们又是什么时候渐渐长大、开始认为独自做事是一种更好的方式呢？

单一维度的领导力模型助长了这样一种神话，即在一个系统中，当一项功能或一个角色只由一个人来执行时效率更高。当我们追求结果时，我们告诉自己，我们没有时间花在关系上；如果我们只是埋头苦干，而不去打扰他人或被他人打扰，我们可以走得更快。当我们推动自己独自做得更多、产出更多、成就更多时，我们牺牲的是关系和连接。

虽然在短期内，我们可能觉得独自工作很高效，但我们短浅的目光也切断了与他人合作带来的创造力与协同性。的确，情感和关系有时会带来混乱与困扰，但它值得我们为之烦恼。此外，孤立和分离其实是一种错觉。事实上，我们所做的一切都是在关系中发生的。一段关系是滋养的还是耗能的，取决于关系之中人的投入和创造力。

有一位共创式协同领导者共同承担责任，可以帮助我们遇见内心的天使。有时候，我们很难看到自己的盲点，难以识别内在的偏见和特权。想象一下，如果当今世界的某些领导者可以有一位共创式协同领导者协助他们承担责任、帮助他们保持诚实，这个世界将会有什么不同？

人天生是社会性生物，在生活和工作中与他人合作是我们的天性。从长远来看，当我们能够充分信任和运用与他人合作带来的资源时，整体效能是最高的。共创式协同领导者这个维度，为这种伙伴关系注入了觉知与责任，让合作富有成效和创造性、过程令人愉悦。

什么是共创式协同领导者

大多数时候，共同领导由明确的分工以及轮流上场的方式组成。共创式协同领导者是一种真正的伙伴关系，双方都对任务的每一部分完全负责。共创式协同领导者承担责任的方式，是围绕共同的意图支持对方发挥自己的优势，从而产生强大的协同效应，使整体大于部分的总和。

共创式协同领导者的互动是一场娴熟的共舞，双方在百分之百投入的同时，敏锐地感知对方的方向。这样的共舞是动态的平衡，两位领导者真实谦逊、全然承诺，随时准备带领或跟随。就像任何伟大的舞蹈组合一样，分不清楚谁是带领者、谁是跟随者，因为双方都对这支舞蹈完全负责。

与其说是与他人一起创造，共创式协同领导者更像从彼此的关系中创造。他们经常补充和完成对方的语句，也会充满热忱地表达不同意见。如果一个人走错了方向，另一个就会介入并重新调整方向。因为对共同的方向协调一致，他们能够在每个当下以一种新鲜、有活力、有吸引力的方式协同带领。

当我们选择共创式协同领导者这个维度时，我们能够承担更大的风险，达成更高的目标，因为我们知道彼此会抓住对方的安全绳。如果我们摔倒了，我们的搭档、我们的协同领导者会接住我们。我们也因此更加警醒，更有活力，因为我们也需要准备好随时接住我们的搭档。

共创式协同领导者也协助彼此承担责任。两位共创式协同领导者一起工作时，会降低小我驱动和滥用权力的可能性。与搭档一起工作时，你很难一言堂，很难执着于自己的方式是唯一正确的。

在生活中有很多共创式协同领导者的应用场景，因为生活就是由人构成的。这里列举几个场景。

在组织环境中

在共创式培训学院（CTI），我们在整个组织中广泛应用共创式协同领导者的维度，许多不同职能和新项目都是协同带领。当两个人完全成为共创式协同带领者时，他们是在践行一种真实又人性化的关系。这样也为他人创造了一种允许去做同样的事情，因此创造出一个充满连接与活力而非孤立与恐惧的环境。

多年来，我们在共创式培训学院（CTI）曾有过许多联席CEO。虽然这还不是一个普遍的做法，但协同领导者的应用范围正在扩大。我们很兴奋能与几位前任和现任联席CEO交谈，来补充我们在这方面的经验。

联席CEO们认为这种合作方式是成功的，因为双方都能够充分运用自己的能力并相互补充。当联席CEO们之间有深深的信任时，他们之间的默契会激发彼此独特的力量。这样的合作方式提供了体验共享力量的机会，以及体验共创式协同领导者的动态优势与协同性的机会。

无论与谁建立共创式协同领导者伙伴关系，重要的是投入时间建立一个强有力的关系基础，并持续清理关系中潜在的问题。很多联席CEO会频繁会面，有时甚至每周见面3~4次。有些会向专业的关系教练寻求更多支持。

当分歧和冲突出现时，双方会直接面对而不是回避紧张。这种面对分歧坦率和开放的态度，为双方提供了强有力的机会去增加亲密度并强化承诺。

对联席CEO们来说，重要的是直面身份，直面任何因性别、种族或社会经济背景而产生的权力差异，并携手工作去平衡伙伴关系中的这种差异。外部的压力会影响人们对领导力的理解，为了建立更公平的伙伴关系，联席CEO们需要直面这些压力。联席CEO们既要关注彼此之间的关系，充分信赖彼此在关系中的优势，同时也要关注外部世界，通过深思熟虑的行动来确保世界看到的是一种共享与平等的协同领导力。

虽然对联席CEO们来说，如何决策、谁负责哪部分业务很重要，但对他们的协同来说，这不是最重要的。只要任务圆满完成，谁做了什么并不重要。最后的决策是由谁做出的并不重要，重要的是决策过程是如何发生的。相反，对彼此才能的真心欣赏，以及穿越挑战的坚定决心，才是联席CEO们伙伴关系的生命线。

共创式协同领导者在组织环境中是一种动态的、有益的方式，它同样也适用于个人关系。艾玛·卢·塞恩（Emma Lou Thayne）有一篇精彩的文章，题为《母亲杀死了响尾蛇》（*Mother Killed the Rattles-nakes*），阐述了她的父母之间是如何超越性别所赋予的传统角色，通过伙伴关系来发挥各自优势的。她写道："如果我们家有一个'头'，我无法定义这个'头'。他们都是'头'和'心'，而且总是在变化。"这就是共创式协同领导者的精髓：超越身份或被分配角色的限制，充分发挥每个伙伴的才能。

在学习环境中

共创式培训学院（CTI）成立之初，我们在所有培训课程中应用共创式协同领导者的维度，因为我们认为，创造一个既灵活又支持个人探索的学习环境很重要。我们发现，当两位导师联合带领时，学员更有可能超越"正确"的答案，找到他们自己独特的方式。这是一种裂变的学习方式，我们的学员能够从本质出发去学习、发展和改变，而不仅仅是简单地记住内容或试图模仿某位有魅力的导师。学员们并不是在给大脑增加更多信息，而是能够整合概念、把这些概念完全变成自己的，然后超越这些信息去创造属于自己的方式。

我们还发现，共创式协同领导者的维度创造了一种深层的归属感，这对人的本性来说至关重要。我们都渴望被看见，被理解，有所归属。重要的是我们需要在工作场所、社区、国家和这个世界上体验到这种归属感。在世界加速发展的今天，我们需要保持稳定性和彼此连接，同时与我们共同创造的整体保持连接。

如果我们需要保持表面很好，从而来维护地位和权力，这种做法不可能创造归属感。这种情况下，人们会感到孤独，因为他们被迫隐藏自己的真相，而只展现自认为职业化或恰当的部分。共创式协同领导者会通过不同的表达和呈现方式来创造安全感，从而鼓励他人做真实的自己，活出自己的独特性和创造力。

在层级关系中

共创式协同领导者也可以应用在层级关系中，如亲子关系。在这样的关系中，双方基于明确意愿致力于持续建设伙伴关系，以确保关系是清晰、有活力、完全协同一致的。我们将这样的行为称作建立同盟关系，因为这是双方以一种明确意愿、坦率直接的方式共同建立的伙伴或同盟关系。

建立同盟关系有助于共创式协同领导者清晰地看到他们想成为的样子，以及他们想一起去的地方。建立同盟关系，首先是设立明确的共识和期望，并对共同的方向和愿景协调一致。随着伙伴关系的发展，每一个挑战和障碍都可以成为重新建立同盟关系的机会。这可以让伙伴关系随着时间的推移成长得更加强大且亲密。

建立同盟关系是非常有价值的工具，因为它是建立在双方共同努力、共同实现成果的共识之上的。在共创式培训学院（CTI），管理者会与新员工建立同盟关系。管理者会询问员工在工作关系中最看重什么并明确责任。双方展开对话、建立共识、澄清期待、提出问题并从彼此那里得到回应。最终都是为了互相理解，并能够共同找到最有效的合作方式。

在每一段教练关系开始时，我们也会建立同盟关系，澄清客户希望从教练中获得什么，以及我们如何最有效地支持他们。我们也会分享教练的工作方式，并明确客户在教练过程中需要承担的责任。

当我们决定建造梦想家园时，也是从建立同盟关系开始的。这个新家对每个人来说最重要的是什么？在这个过程中我们想要怎样的关系？我们各自关注哪些方面，我们想要共同创造什么？在做决定时，我们要如何彼此赋能？如何最大地尊重和发挥每个人独特的创造天赋？随着项目的进展，我们会定期回顾同盟关系，以确保我们的关系中没有掺杂怨恨与轻蔑。对很多人来说，这个过程充满分歧与困难，但对我们来说，这是一个合作与共创的旅程。

在我们的企业培训项目中，我们经常为高管们布置任务，请他们相互之间建立同盟关系，这非常管用。高管们甚至发现，建立同盟关系对他们的家庭影响最大，尤其是亲子关系。

不可思议的是，这些手握大权的高管们的分享让我们感动。他们会分享与孩子进行的一些坦诚且有突破性进展的谈话，而过去这是让他们极度烦恼却无法深入的一个领域。通过进入共创式协同领导者的维度与孩子建立同盟关系，他们能够与孩子肩并肩站在一起共同寻找解决方案。孩子觉得自己被看见、被听见、被重视，而不是被纠正或评判。毫无疑问，父母与孩子之间产生了连接和归属感。

我们的一位高管客户分享说，她的儿子在学校表现不好，尽管他非常聪明。无论她如何唠叨或责骂，她的儿子都不愿意学习，拒绝为取得好成绩而付出努力。

一天晚上，她尝试了不同的方式。她没有唠叨，而是坐下来和儿子聊聊上学与取得好成绩对他的重要性。儿子说觉得在学校很无聊，因为没有足够的竞争。他对成绩并不那么在意，但他想，如果学习能成为一种游戏，也许他会感兴趣。他还告诉妈妈，她过去不断的唠叨惹恼了他，他已经开始屏蔽她。

他们达成协议，在一定的时间内，儿子会有规律地学习，而妈妈答应会相信儿子，克制唠叨。他们共同制定了一个学习的游戏规则，儿子可以通过不同的活动赚取点数，并根据完成程度得到奖励。

时间一长，她和儿子都玩得很开心。她开心地分享，她和儿子会相互取笑对方是否有作弊或钻空子的行为，也会在进展良好时给对方加分。她说，这很有趣，也拉近了他们的距离。

当儿子得了全优时，母子俩都很高兴，或许还有点惊讶。妈妈也为自己的在游戏中得到的高分感到骄傲。儿子挑选了一件他一直想要的滑雪板。他还像成年人一样，请妈妈出门吃了一顿晚餐来庆祝。最重要的是，他们母子俩的关系更加深入和亲密，感觉就像战友。

共创，而不是相互依赖

有时候我们在他人那里卷入太多，以至于失去了自我。我们太在意他人如何看我们，或者太过于关注他人，以至于我们变得过于礼貌、不够真实。实际上，这些行为让我们在关系中彼此分隔，并进入自动化的反应模式。我们因此失去了与协同领导者一起的创造性表达。

作为共创式协同领导者，双方都需要与他们的内在领导者全然相连。否则，就会有相互依赖的风险，或者为了迎合他人而失去自我、失去自己真实的声音。在共创式协同领导者维度，保持稳定性和自我权威非常重要。同时，共创式协同领导者需要在开放性、意愿和双方都需要做出贡献之间取得平衡。如果你注意到自己的给予已经超过了百分之百，你需要退后一步、没有指责，留出更多空间给他人做出贡献。

假设

成为真正的共创式协同领导者，我们必须和此刻你身边的这个人在一起，而不是那个我们希望或认为应该在这里的人。这也许是一个挑战，尤其是在我们最亲密的关系中。人们很容易对他人做出假设而不自知。我们开始与这些假设互动，就好像它们是绝对正确的。

这样的情况发生得如此频繁，以至于我们几乎注意不到，但随着时间的推移，这些假设会对关系产生干扰，因为我们在关系中的互动是建立在虚构的假设基础之上的，而不是对方的真实情况。这就像蒙着眼睛画画。我们被自己的假设蒙蔽了双眼，却看不见眼前的这个人。然后我们会生气和沮丧，因为对方与我们的图画不符，我们责怪他人没有按照我们认为的样子去做。我们设定好我们想要的对话，但当对方不知道自己的台词时，我们会感到失望。

在共创式协同领导者维度，我们每时每刻都带着深深的好奇心和开放的心态与我们的伙伴互动。昨天的他们已经成为过去，明天的他们还没有到来。我们真正拥有的是此时此刻。这种好奇和开放的态度让我们可以穿越自己的评判与假设，与当下的这个人建立关系。只有如此，我们才能全然连接与共同创造。

开始注意到我们对身边人的假设，并练习放下这些假设，这样我们就能够清楚地看到对方本来的样子，不带任何添加的故事或假设。这样，我们就可以释放自己，百分之百投入到伙伴关系中。

100%/100%

在我们共同带领的为期10个月的共创式领导力项目中，有很多挑战身体的冒险体验。其中的一项，需要两个人爬上30英尺（将近10米）高的立柱，在两根钢绳线上完成。这两根钢丝绳从起始点构成一个V形，距离起始点越远的地方，两根钢丝绳之间的距离越宽。为了能够向远处移动，两位伙伴必须面对面各站在一根钢丝绳上上，并紧扣对方双手。当沿着钢丝绳向远处移动时，他们之间的距离会越来越远，他们的身体需要越来越倾向对方，保持双手紧扣，双臂越来越延展伸直，最终举过头顶，直到完全伸直。这将在伙伴关系中保持临在的概念从抽象的想法变成了当下的现实。任何关于自己应该怎样做，或者对于伙伴是否能够胜任这个任务的念头，都会立即带来不稳定，让两人开始摇摆，失去平衡。

随着两人在钢丝绳上越走越远，他们会发现，当彼此越信任、越倾向对方时，两个人都会变得更坚强、更稳定。当出现摇晃时，身体会本能地收回来。因此，两个伙伴站在钢丝绳上，带着勇气和信任将自己的百分之百地交给同伴，同时相信对方也会如此对待自己，这样的场景令人赞叹。这也是对共创式协同领导者的一个深刻隐喻：共创式协同领导者彼此全然承诺，互相信赖并呼唤对方百分之百地给出，时而优雅，时而笨拙。

正如走在钢丝绳上的人一样，当我们感到害怕或不确定时，身体可能会本能地退缩。如果我们可以学会控制退缩的冲动，选择百分之百信赖，一切都会改变。我们常常认为自己对伙伴已经全然承诺，但另一部分的我们有所保留，以防事情毫无进展。这在我们所有的关系中都会出现，尤其是最亲密的关系。

我们发现这个原则在婚姻关系中也很有帮助。任何婚姻关系都会遇到困难，我们也不例外。这些年来，我们有过一些起起伏伏……这些日子并不是真的很糟糕；我们只是连接没那么深，也不那么亲密。还有一些危机事件，我们称之为"成败攸关"的时刻，因为这些事件要么可能彻底破坏我们的关系，要么可能让我们的关系更加牢固。

每个危机点都是一次选择。我们是退回到舒适区，还是直面冲突？每次我们都选择脆弱，给予对方信任，我们发现我们能够一起驾驭挑战。有时需要几小时，有时需要几天，偶尔需要一年以上。每一次，无论发生了什么，我们的关系都会变得更加亲密，婚姻更加坚固。随着时间的推移，我们更加全然信赖对方。

现在，我们已经结婚30多年，可以说我们对彼此的爱有增无减。如今我们完全确信，我们可以彼此信任对方，无论发生什么都会全力投入，如果有谁后退了，我们知道另一方会呼唤我们，并坚持让我们全力以赴。当然，在我们的关系也有很多分歧，一起面对这些冲突为我们创造出超乎想象的连接与亲密。

拥抱分歧

人们倾向于避免冲突和分歧，因为这迫使他们直面关系的真相、选择更深的亲密，就像我们之前举过的婚姻例子。遗憾的是，逃避冲突让他们每次都卡在同一个地方，重复同样的解决方案。只有以一种彻底的方式处理冲突，我们才能进入新的领域。

当摩擦和分歧发生时，100%/100%的承诺意味着双方都需要直面冲突。因为他们知道，在分歧的另一面他们将发现一个更加清晰且完整的真相，这会对他们共同的愿景产生意义深远的影响。

共创式协同领导者为了完整性而拥抱分歧。正如我们在本章前面提到的，共创式协同领导者之间的关系就像一场共舞，双方都清晰知道方向，同时也全然活在每一刻的神秘之中。为了让共舞更加自发和协同，双方需要在一个更大的背景下协调一致，这与在每件事情上彼此完全认同是不一样的。

这听起来可能有点奇怪，因为人们往往像躲避瘟疫一样躲避分歧，这是因为他们害怕分歧会给关系带来风险。随着时间的推移，那些未被触及和未经表达的分歧会变得更加糟糕，甚至成为个人恩怨。怨恨与妥协滋生，真实与信任被抛到窗外。

建立同盟关系，100%/100%，以及共创式协同领导者的其他工具为我们创造了一个信任和安全的环境。在这个环境中，我们可以在不认同对方想法或观念的同时，依然保持对他的尊重与关心。

我们大多数人在面对一个人的时候，会把对方当作一个想法、价值观和信念的集合，对这个人我们有的是认同或不认同。我们关注的是具体的想法或解决方案。当对方说话时，我们通常是从自己的视角来听，并注意自己是否认同他或她说的话。这种方式看起来是这样的：

（1）认同/不认同；

（2）理解；

（3）接纳。

我们与人交谈，会分享自己的想法和观点。当遇到不同意见时，我们会坚守自己的观点并相信自己是正确的。辩论随之开始，我们固执己见，进入自动化反应模式，失去了与他人保持创造性关系的能力。不知不觉中，我们从不认同某个观点变成了不认同那个人。我们开始觉得，这个人不仅仅是想法有问题……人也有问题。有时，我们甚至把对方视为异类。这种状态可能渗透到我们很多的人际互动中，特别是那些让我们热衷的话题。

有时候，我们会针对问题进行长时间的辩论，以期待达成一个双方都能够妥协和容忍的结果。有时候我们的确改变了他人的看法，他也最终认同了我们的观点。我们认为，只有做到认同，我们才能够理解对方，才能够接受这个人。

这样的方式不会让关系更加亲密，也不会增强我们与对方一起在当下共创的能力。事实上，它阻碍了我们的理解。我们将寻求认同作为连接的第一步，这种做法切断了更多创造力的可能性。

这种方式也限制了我们互动的范围，因为它把我们引向那些与我们观点一致的人——那些与我们类似的人。它让我们远离那些与我们观点和想法不同的人群，因而阻碍了我们与另一部分世界的连接。

有意或无意地，我们创造了一种缺乏多样性的生活，等级制度和权力机制被强化，不平等因此而生。我们舒适地活在熟悉的环境中，试图避免分歧以确保关系不会破裂。我们的世界也变得越来越小，而不是越来越大。

如果我们可以反过来，从接纳开始呢？无论对方是否看起来像不像我们，无论他的感受和思维方式是否和我们一样，我们都将他视为值得尊重、好奇和聆听的人，他的想法和感受都很重要，不为别的，只因为他也是人类，尤其是他的经历与我们如此不同。

如果是这样，新的结构可能会是：

（1）接纳。作为第一步，我们能够从尊重和接纳的角度来看待分歧——我们只是观点与想法的不同，不需要互相攻击。

（2）认同/不认同。在第二步，我们寻求以中立的方式澄清分歧，这样每个人的观点可以完全清晰。

（3）理解。下一步是理解对方的观点。这不是浅层的理解。相反，这是一种真正的换位思考，探索对方的观点，直到对方感受到被深深地理解，就好像我们乘坐宇宙飞船去另一个人的世界。我们驾驶飞船，来到这个完全不同的世界。我们的使命是充分探索和理解这个世界。我们不需要急于决定是否认同这个世界，而只是去理解。我们知道一切会自然发生。我们提出好奇的问题。我们反馈自己听到的，并邀请对方确认或修正。我们百分之百投入，这让我们的伙伴感受到被理解。当一位伙伴感受到被深深理解时，他就会来到另一位伙伴的世界，用同样的过程去理解对方。

（4）协调一致。一旦双方都感到完全被理解，下一步就是协调一致。在分歧之下，总是有一个更大的空间。在那里，两位协同领导者是深入一致的。

（5）认同/不认同，或第三条路。创造性的分歧往往会产生第三种解决方案，两位协同领导者共同达成的结果往往比各自最初的想法更好。我们称这些成果为"第三条路"，因为它提供了一条全新的前进道路。如果没有协同领导者的理解和奉献，这条道路是不可能出现的。第三条道路令人兴奋，它打开了无尽的可能。第三条路的成果会远远超越打了折扣的妥协，体现出当两位共创式协同领导者百分之百信赖和投入时的协同效应。

这个过程另一个可能的结果是，协同领导者同意保留分歧。即使他们在更深层次上协调一致，但在具体细节上仍存在分歧。这是一个完全可以接受的结果。通过这个过程，分歧成为一个建立连接而不是导致分离的地方。他们可以继续前进，并以一种创造性的方式拥抱分歧，而不是针锋相对。

这里有一个真实的案例来说明这个过程。一对父母一直在争论教育孩子的方式。虽然他们互相尊重和信任彼此（步骤1），但无法就此建立共识。

一方非常坚信家庭教育是正确的选择，而另一方则同样坚定地认为应该送孩子去私立学校。一位家长本人曾经读过私立学校，觉得那里令人窒息。另一位则听说了各种各样关于家庭教育出来的孩子缺乏社交技巧的故事。他们进行了充分的对话以确保双方各自的观点被清晰表达（步骤2）。

这对父母并没有因为持续的争论而感到沮丧，而是花时间真正地站在对方的立场，直到双方都感到深深地被理解（步骤3）。

他们意识到，尽管他们对孩子的教育方式存在分歧，但他们都非常关心孩子的教育。他们都认为教育应该根据每个孩子的具体需求量身定制，包括学术内容和课外活动的结合（步骤4）。

他们同意做一些研究，作为对伴侣的支持。第一位家长对私立学校进行了研究，寻找那些与他们方向一致的学校。第二位家长开始研究家庭教育儿童更好适应社会的可能性。当他们发现关于这两个主题丰富的信息时都有些惊讶。双方彼此分享了他们的发现，这个时候，一种新的可能性出现了。为什么不让孩子在家上小学，并为他们提供大量的社会活动机会？然后，当孩子到了一定的年龄时，他们可以请孩子参与下一步的讨论。父母双方对这个解决方案都非常满意，他们认为这是一条比他们最初争论更好的路（步骤5）。

协调一致是一个不寻常的理念。通常，我们以非此即彼的方式关注具体问题。我们应该搬到乡下还是继续住在城里？我们应该买房还是自己建房？我们是否应该拥有全民医疗保障？

即使我们在特定的问题上存在分歧，但如果可以在更大的背景下寻求一致，我们仍然能够找到一个共同的立场。我们为什么要搬家？家对我们最重要的是什么？我们如何看待政府和公民之间的关系？分歧可以继续存在，同时我们也知道，我们是在一个相似的背景下一起工作，因而可以团结一致。有了相互尊重和协调一致作为基础，人们就更加容易获得前进的力量。

是的……并且（YES...AND）

另一个为共创式协同领导者的共舞提供能量的概念，是"是的，并且……" 这个句式来源于即兴表演的世界，它允许即兴表演者用当下获得的任何信息进行创造。在即兴表演中，当他人递给你一样东西时，你不能说："不，你给我的这个东西不对。"如果你的搭档给你一只橡皮鸡，你的任务就是从这只橡皮鸡中获得灵感，让它带你去从未想象过的地方。这就是即兴表演如此神奇和鲜活的原因。

对共创式协同领导者来说，"是的，并且……"加强了伙伴之间的共舞，并支持他们在当下从彼此创造的能力。"是的"表示欣赏而不是同意，并提供了一个新的视角来看待他人的贡献。我们不是从他人的话中寻找问题，而是去寻找价值。说"是"不是顺从或妥协，而是从对方提供的信息中寻找真心欣赏的东西。

接下来是"并且"，这是在对方提供的信息基础之上，添加自己的贡献。重要的是，这里的"并且"不是一个伪装的"但是"，这并不是在否定最初的提议，也不是在推崇自己认为更好的想法。这是对他人的贡献表示欣赏，然后加入自己创造性的想法。共创式协同领导者就是这样，在毫不费力的你来我往中并肩前行。

以下有一个例子。

领导者甲："我认为每周召开一次团队会议是个好主意，这样我们就能保持一致，朝着同一个方向前进。"

领导者乙："是的，与团队建立更多连接非常重要，这样我们才能知道我们目前在哪里，接下来要去哪里。不过，我认为团队不会喜欢每周开一次会的想法。"（通常这种时候，"不过"的声音会比较大，语气也会加重。）

你能发现领导者乙其实并不认同领导者甲的提议吗？实际上，领导者乙更关注领导者甲提议中的问题，并解释了提议为什么行不通。让我们做一个简单的转换，更多的变化是在能量层面而不是在语言上，对话可以这样进行。

领导者甲："我认为每周召开一次团队会议是个好主意，这样我们就能保持一致，朝着同一个方向前进。"

领导者乙："我喜欢你的想法，与团队建立更多连接非常重要，这样我们才能知道我们目前在哪里，接下来要去哪里。并且，我们可以用游戏的方式来连接，这样也可以带来清晰感与灵感。"

这看起来很简单，甚至有点老土。尝试去做一天看看。在这一天中，试着去欣赏你遇到的任何事物，发现其中的价值。留意你与生活中其他人的关系有何变化。在新的关系中，他们的贡献得到重视和赞美，而不是立刻被否定。在感到被重视和欣赏时我们会做出积极的回应，这样的方式打开了伙伴关系和创造力。

协同效应

作为共创式协同领导者，两位领导者既是坚强有力、脚踏实地的独立个体，又是一个整体存在。他们有共同的愿景和方向，协调一致，并肩前行。共创式协同领导者的对立统一在于，给予双方充分自主权，对彼此深深的尊重，以及直面分歧的力量。

没有一个人（也没有一群人）能够完全解决我们所面临的挑战。无论我们多么具有才华和洞察力，我们也只是整体的一部分。只有通过开放的对话、深入的聆听和热忱地表达不同意见，我们才能超越单独和孤立的视角，发现更大的视角。我们越能够投入和面对彼此的不同意见，我们就越能够发现自己和对方最好的一面。

在共创式协同领导者的共舞中，协同效应产生了。两位协同领导者的影响远远大于他们个人贡献的总和。在这种协同关系中，他们一起前行，共同为他们的世界承担责任，并在每一天共同迈出的每一步中携手创造。这种被共创式协同领导者点燃的协同力量，不仅会让两位领导者更高效和富有活力，也会激发他人的活力与生命力，创造出一种深深的归属感，这是任何一位领导者都无法单独做到的。

成为现实：如何培养和拓展你的共创式协同领导者

共创式协同领导者不是一套要遵守的规则。它是一种思维模式，一种与他人相处的方式。实践共创式协同领导者的最好方式是将它融入你生活和工作关系中。

你的同事、上司、下属、家庭成员、孩子和伴侣都为你提供了大量的机会来实践共创式协同领导者，即使对方也许并不了解这个领导力模型。以下是一些具体的练习，可以加深对这个维度的掌握程度。

1. 练习身体体验协同领导者

与你的同伴面对面站立，两人之间距离2~3英尺（0.6~1米）。双掌相扣举过头顶，重心向对方倾斜（见图9）。确保你与同伴的眼神保持交流。当你们准备好了时，一起后退一步，让身体更多地前倾。保持呼吸，保持连接，缓慢地继续后退1~2步，慢慢地增加你们之间的距离。

图9 协同领导者身体体验1：100% / 100%

继续后退，直到你无法依靠自己站立，保持与同伴的连接，注意安全。完全将重心倾向对方。彼此保持良好的沟通，当双方都准备好了，一起向前迈出1~2步。

和你的同伴并肩站立，共同面对同一方向（见图10）。如图10所示，将外侧的手掌向前伸出，指向同一方向，将你内侧的手掌放在对方的背部，就在他心脏的位置。请注意，现在你们既是独立的个体，同时又是一个整体。感受共创式协同领导者100%/100%的协同效应。

图10　协同领导者身体体验2：协同效应

2. 参加即兴表演课程

任何即兴表演的课程都将帮助你发展作为一个协同领导者的能力。另外，这些课程非常有趣！你可以通过当地的戏剧团体或成人教育项目找到这样的课程。

3. 放下假设

假设是你对一个人的猜测。可能是真的，也可能不是。事实上，假设的有效性无关紧要。而我们却倾向于紧握我们的假设不放，收集各种证据来支持它们。这里的问题就在于，我们开始与假设建立关系，而不是这个人本身。

这个练习是关于觉察到你对另一个人的假设，并选择放下它们。因为它们已经成为你了解对方的障碍。你不需要与对方分享这些假设。这是一个自己可以独立完成的练习。

找出生活中的一段困扰你的关系，配偶、子女、同事、兄弟姐妹、老板、下属……可能性无穷无尽!

将对方让你感到恼怒之事列出一个清单，并写出你关于他的想法。如果不知道从哪里开始，可以参考下面的例句开始：

因为他/她是一个男人/女人，我认为他/她_____

因为他/她比我大/比我小，我认为他/她_____

继续这个练习，直到你觉得清单已经完成。有时把清单暂时放一放会有帮助，然后再回来问问自己"还有什么? "

把你的清单暂放几天后再回顾它。在那些干扰你建立连接和亲密感的假设旁边做笔记。圈出你愿意放下的假设。注意： 诚实面对自己很重要，不要选择那些你还放不下的假设。只选择那些你真正有意愿放下的。

把你想要放下的假设写到另一张纸上并烧掉、掩埋或以其他方式毁掉。想象一下你的假设也随着这张纸化为灰烬，然后去留意观察你与对方的关系会有什么变化。

4. 建立同盟关系

下一次，当你打算开始一段新的关系或一个新的项目时，花一点时间来建立同盟关系。

建立这段关系或一起工作的重要性是什么？对你们来说什么是重要的？你们对彼此有什么要求？

随着关系的发展，花些时间重新建立你们的同盟关系。当事情变得棘手或挑战时，及时与你的同伴沟通，需要澄清什么？需要修补什么？在这段困难里你真心愿意承担的责任是什么？

5. 用一天的时间寻找价值

用一整天的时间从他人的视角、观点和想法中寻找价值。如果觉得一天太长，可以先从半天或1小时开始。选择一个你可以与很多人互动交流的时间。

如果有必要，你在练习之后仍然可以不认同这些观点。练习从发现价值开始，而不是指出所有的问题。可以用这样的句式"关于你的想法，我喜欢的地方是……"，有千百种方式来发现和欣赏他人的贡献和价值。

在一天结束之后，总结这个练习对自己和他人产生的影响。

6. 共同带领一个项目

在你的工作场所、社区或家庭中选择一个项目，并邀请一位伙伴成为你的协同领导者。从建立你们的同盟关系开始，包括约定你们将百分之百地信赖对方，特别是在有分歧的时候。

随着项目的开展，继续建立你和协同领导者的同盟关系。诚实地告诉对方你对他的期待，以及你渴望从这段关系中得到什么。拥抱摩擦和分歧，把它们当作加深彼此关系的机会。寻求帮助。让每个人的才能都散发出光芒。在项目完成后记录下这次协同带领的体验，尤其是你观察到的协同效应。

7. 深入面对分歧

选择一个你与他人的分歧，邀请对方一起练习接纳和协调一致的模型。

（1）接纳。相信对方有权利表达自己的观点，值得你去尊重和聆听。

（2）认同/不认同。言来语去，直到双方都清晰了解分歧。

（3）理解。一次一个人，尽可能深入理解对方的观点。换位思考，从对方的视角看问题。

（4）协调一致。一旦双方都感觉到真正地被理解，开始寻求更深层次的一致。比分歧更深一层，两个人可以携手的立足点在哪里？将分歧暂放一边，从更大的背景去探讨。

（5）认同/不认同或第三条路。一旦你们协调一致，回过头来再看分歧。你们是否仍然存在争议，或者已经有一个创造性的方案正在浮出水面？注意：如果你们意见仍然不一致，也完全没问题。你们可以带着分歧继续前进，围绕你们协调一致的方向加深连接，并在这个过程中享受分歧。

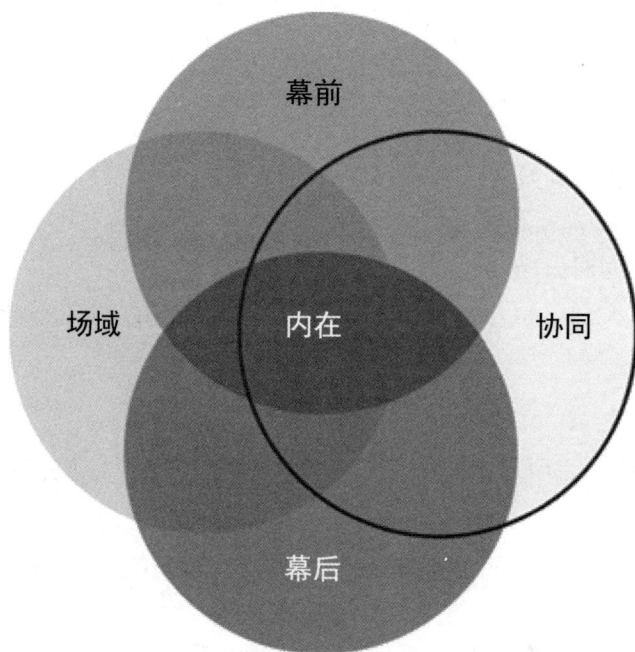

第 9 章

共创式场域领导者

在共创式场域领导者这个维度，我们进入了本能、直觉、想象与冲击等更加全观、更少物质化的领域。宇宙有自己的进化过程。地球曾经只是熔化的岩石，如今人类已经在地球上高歌。没有人来到地球上告诉熔岩该如何进化，在它的本质深处，熔岩"知道"该如何做。当你向前迈进，相信自己已然具足成功的智慧时，那么你就已经来到了共创式场域领导者的维度，注意力也从个人领导力转移到对更大系统的全方位觉知上来。

著名的系统科学家彼得·圣吉，《第五项修炼：学习型组织的艺术与实践》一书的作者，称这样的觉知为系统思维，即有能力在任何系统中感知到那些看不见的流动，这些流动反映出系统中相互依存的力量。

如果系统内交织的信息像电流一样不可见，为了真实有效，我们就需要学会超越已知已证、超越储存在大脑中的信息，进入更加全观、更少物质化的本能、直觉、想象与冲击的领域。换句话说，我们必须进入共创式场域领导者维度。

运用共创式场域领导者可以使其他领导力维度的有效性倍增，因为这个维度允许领导者超越储存在头脑中的信息，跟随内心的冲击产生直观的洞见。这种对场域的感知可以将一次普通的互动转化为蜕变。可以用来区分称职与卓越，无论你是一位组织领导者、管理者、下属、团队成员、生活伴侣还是父母。

我们可能会倾向于把这种对场域的感知当成外来的客人，但实际上，它是我们最主要的信息来源。从出生的那一天起，我们就一直受到他人的影响，同时也在影响着他人。在学会说话之前，我们就能感知到自己是否被爱、是否安全。孩提时代，我们会注意到家庭系统中的暗流涌动，并在这种感知的帮助下航行。随着我们渐渐长大，我们受到的教育并不鼓励我们去感知场域。我们被教导要给出唯一的正确答案，并且能够拿出证据来支持这个答案。数据渐渐取代我们天生的直觉，成为主要的表达形式。

即使这样，这种感知能力依然存在于我们体内。在体育比赛中，当场上的形势发生微妙变化时，远在记分牌显现出比分之前，我们就能感觉到阵阵兴奋，觉得自己支持的队伍一定能赢。我们都曾经历过这样的会议，一个不合时宜的"哼"或白眼，就能让发言者的语气完全改变；或者我们原本打算去一个聚会享受乐趣，一推开门却感受到空气中紧张的气氛。这些经历都很常见，也没那么可怕。事实上，这是人类与生俱来的感知能力。

体育世界充满了共创式场域领导者的例子。运动员们会谈论"在状态"或"心流"。韦恩·格雷茨基，加拿大前冰球运动员兼主教练的名言是："我滑向冰球将要去到的地方，而非它曾经经过的地方。"

格雷茨基怎么知道冰球要去向哪里？训练和经验起了一定的作用。但在每一个当下，他没有时间对大量数据进行分析。他必须运用本能和直觉，随之而动，而不是停下来向他人征询意见。

　　另一个例子是高科技创新。众所周知，苹果公司的联合创始人兼首席执行官史蒂夫·乔布斯经常会去一个特别的房间，房间里摆满了苹果正在开发的所有新产品的原型机。乔布斯和他的首席设计师乔尼·艾夫会花时间一起触摸各种原型机，去感知和寻找他们认为对苹果用户来说最优雅、最有用的东西。也许正是这种对共创式场域领导者的承诺，让乔布斯拥有了一种不可思议的能力，他知道冰球要去向哪里，他能够根据用户自身可能都没有意识到的需要，来设计出他们喜欢的产品。

　　通过练习，我们可以重新找回连接场域信息与直观智慧的能力。当我们增强感知和接收的能力时，我们就能够连接到所有展现给我们的信息，而非局限于已知已证的那一小部分。作为共创式场域领导者，有意识地运用这种能力，就可以捕捉到特定场下最有效的行动和影响。

　　当我们进入新世纪时，世界的变化持续加速，每一天我们都在面临新的挑战，需要我们同样保持新鲜、做出创新的回应。引用爱因斯坦的话来说："我们无法在制造问题的同一思维层次上解决这个问题。"为了创造新的方案来应对面临的挑战，我们必须有能力连接共创式场域领导者的洞见与创新能力。

什么是共创式场域领导者

在共创式场域领导者维度中，我们扩展感官觉知以连接我们的本能、直觉和想象（共，co），并带着勇气和承诺投入到我们所感知到的创新与鲜活的行动中去（创，active）。

共创式场域领导者为我们提供了一个机会，让我们超越事实和证据，进入那些深入本质、广阔而又未知的领域。对于那些不可见或无法证实的事物，我们即使感知到它的存在，往往也会选择忽略它。正如法国作家安托万·德·圣·埃克苏佩里在《小王子》中写道："事物的本质是无法用肉眼看见的。"

如果我们可以放下熟悉和已知带来的安全感，以共创式场域领导者的状态进入当下并打开感官觉知，就更能够感知到"此刻最需要的是什么？"或者"什么正要发生？"。每时每刻都有一些事情正在发生，而接入场域让我们有机会扩展意识，去感知当下的发生。这样我们就能够从更多的可能性里去选择，而不是局限在已知的方法里。

共创式场域领导者也关注自己给周围带来的影响——包括积极的影响和无意识的影响。我们明白，我们做的每一件事都会产生影响，我们的行动应服务于生命，而不是毁灭生命。我们能够感知到这个世界相互依存的连接，并寻求创造一个人人皆宜的美好世界。事实上，通过语言、行动和发挥影响，每一天我们都在共同创造着这个世界。

对影响的觉察

想象一枚鹅卵石掉进池塘，撞击水面之时，冲击产生，更多的影响随后发生：涟漪泛起，波涛拍岸。

我们总是在产生影响，影响的范围也远超我们的想象。然而，在生活中，很多人对自己带来的影响毫无觉察，如同上面例子中的鹅卵石，也许只注意到自己和水面撞击时的体验。

将意识扩展到场域，我们会感知到自身体验之外，我们产生的更多影响，感知涟漪泛起，波涛拍岸，感知整个世界充满活力的共鸣。

想象一下，一位高中老师的唠叨让学生们昏昏欲睡，一位政客不知所云毫不着调的演讲，等候室里有人旁若无人地大声打电话。这些例子都是因为人们对场域毫无觉察，以至于注意不到他们所产生的影响。

共创式场域领导者与他们所有的感官体验保持连接，通过感知当下的需要来影响事物朝积极的方向发展。对自身影响力的觉察让领导者对当下具有更精微的感知能力，更能发现有益于所有相关方的最佳行动。这种敏感度既不是基于过去的有效策略，也不是规划未来的产物。它是共创式场域领导者基于当下的感知，所做出的富有生命力和创造力的回应。

一位好朋友讲述了他与妻子和3个孩子一起度假的故事。那天似乎一切都出了问题：租车是一场灾难。孩子们不停地哭，每个人的心情都糟糕透了。在这样一片混乱中，我们的这位朋友差点就被击垮了。突然，他意识到自己正处在一个危险的边缘：这次度假可能会是一场巨大的探险，也可能会是一段可怕的回忆。是作为一段异常有趣的家庭故事被反复讲述，还是关于父亲愤怒的故事而没人愿意提起？这位朋友当然想要前者。他停下来，打开觉知去感受场域，感知当下最需要的是什么。是幽默感。嘲笑整件事情和所有细节，他感到这是这个时刻最需要的。我们的朋友开始变得轻松诙谐，对每件事发表搞笑的评论，很快，全家人笑成一团，之前的紧张气氛也烟消云散。一家人度过了一个超赞的假期。

当我们对更大的场域毫无觉知时，我们产生的影响往往是消极和无意识的。没有人会在早上醒来对自己说："好吧，我怎样才能让妻子感到被轻视，让孩子们感到被忽视？"或者"今天我该如何冒犯公司的每个人？"然而，这样的影响每天都在发生。当我们开始意识到自身带来的影响时，就可以调整和转化自己的行为。我们既可以充满好奇地提问，也可以采取行动解决问题。想想看，如果这个世界上的人们对自己带来的影响都可以多一些觉察，如果他们能够感知到表象之下什么正在发生，并且用好奇心和创造力，而不是盲目或防御来应对，那么，这个世界会有何不同？

本能和直觉

共创式场域领导者需要我们放下找到解决方案的期待，去连接洞见和直觉。一旦我们专注于当下，而不是去寻找正确答案，本能和直觉就会出现，它们带来的洞见是我们在完全聚焦于解决眼前问题的状态下无法得到的。

这样做并不容易。一直以来，我们在这个世界上所受到的训练是提供基于事实的具体答案与解决方案。然而，只有足够信任，愿意放开储存在头脑中的已有信息，我们才能够连接到本能和直觉所带来的这份更大的知道。

马戏团有一个空中飞人的表演。某一个时刻，表演者必须完全放手才能被同伴抓住。为了能被来自能量场域的新洞见"抓住"，我们也必须放下头脑里已有的，愿意相信自己的本能和直觉，这些往往超出我们可以理解的范围。只有当我们柔化焦点，全然活在当下，我们才开始感知到场域的方式和循环，以及在我们周围流动的能量。

在忙碌的日常生活中，我们往往会专注于眼前的问题或信息，很难让内心沉静、放松下来把感官打开。对共创式场域领导者来说，放慢节奏甚至停下来做几次深呼吸，都有助于找到这个柔化焦点的状态。

在电视剧《火线》（*The Wire*）中，侦探威廉·莫兰德跟沙基玛·格里格斯讨论了在犯罪现场应该做些什么。"目光柔化，"他说，"将目光柔化，你就能看到全场。如果太过聚焦，就如同盯着一棵树而看不到整片森林。"放慢脚步、呼吸、停顿，这些都有助于柔化聚焦，让我们能够看见来自场域（森林）的信息，而不只有眼前的问题（树木）。

本能和直觉出现的时候通常没有逻辑可言。它们更像一种难以解释的感受，或者是一个正待展开的画面。作为共创式场域领导者，我们必须学会信任那些未经证实或与常识相悖的东西。这需要在信念上纵身一跳——相信本能和直觉带来的价值是无法被解释与定义的。共创式场域领导者必须信任这些稍纵即逝的直觉火花，甚至超出他们对惯常经验的信任。

想象力

想象力允许我们探索在当前环境没有的想法与画面。当我们还是孩子的时候，我们拥有丰富的想象力。然而在长大的过程中，这种能力并没有得到鼓励。在学校里，我们会因为做白日梦而受到惩罚，并被告诫不要去想这些没用的。长大以后，我们学会了理智与负责。我们与想象的力量渐行渐远。

要想体验想象力的魔法，就去观察一个孩子吧。在玩耍中，想象力让纸板箱变成火箭，洗衣篮化身帆船，在浴缸中沐浴就是潜入蔚蓝的大海。透过孩子的眼睛看世界，让我们重新体验想象力的奇妙。

想象力并不只是好玩和有趣，它点燃激情，使人充满希望和活力。它让人跳出局限，激发创新与创意。很多最具影响力的创新发明源自让事物更有用、更美好的简单想象。有了想象力，我们不再只是适应环境。我们能够通过改造环境实现兴盛发展。

作为共创式场域领导者，我们能够运用想象力去超越已知已证的世界，获取来自直觉脑而不是理性脑的信息，这让我们可以打开更深的洞见。

阿尔伯特·爱因斯坦是想象力大师，也是共创式场域领导者的典范。他才华横溢，能用数学方程验证自己的想象，而想象力一直指引着他的发现。爱因斯坦说过："想象力比知识更重要，知识是有限的，而想象力包含整个世界，它激发进步，并让演化发生。"

跟着感觉走

当我们选择共创式场域领导者这个维度时，我们的行动就不再受到过去经验或信息的限制，而是创新与新鲜的。我们无法预知事情的结果，只是基于当下的本能和直觉采取行动。这需要勇气，同时也给予我们极大的自由去尝试、失败，再复原。我们有能力拥抱更多失败，就有能力开启更多冒险，也会变得更加自信与坚韧。

重要的是，放下"一击而中不出错"的想法。如果我们只是为了避免分歧与反对而过于操纵行为，必然会停留在安全与舒适的区域里，失去亲身尝试与学习成长的机会。我们需要的是放飞本能与直觉，观察他们带来了什么，而不是为了避免麻烦提前计划好一切。

有时候，共创式场域领导者的行动只是简单地分享他们所感知到的。在这样的时候，没有什么是需要被修正的。带着觉知与勇气去展现脆弱，并分享我们对能量的感知，这些足以让事情发生转变。

我们组织大家开会时，通常会有人承担共创式场域领导者的角色。这些领导者需要在关键时刻暂停会议，分享他们所感知到的场域能量。这样做不仅不会破坏会议，还能让会议变得更加有参与感、直击重点。这些分享是共创式场域领导者们未经过滤与加工的纯粹感官觉受。他们的贡献经常会改变当下场域里的动能，让大家打开新思路，找回创造力。

在创造任何新事物时，来自场域的直觉和洞见通常会引领我们。想象力则有助于扩展我们最初的洞见。我们创建共创式培训学院（CTI）的最初几年，个人教练几乎不为人知。当我们提起教练时，大多数人认为我们谈论的是关于一项体育运动的教练。作为共创式场域领导者，我们跟随本能和直觉，跃入不熟悉的领域中大胆尝试。每一次行动都会带来新的洞见与灵感，激励我们采取新的行动。我们建立共创式培训学院（CTI）是源于实践而不是书本。我们对行动带来的影响保持关注。我们经历了很多失败，也从每一次失败中获得学习与成长。

当然，一路上我们遇到了各种各样的阻力。我们经常被认为对如何经营一家企业"一无所知"。幸运的是，这个评价完全正确！我们没有接受过这方面的训练，或者说，我们没有被"正确的方式"束缚。我们不断地被告诫做错了，这些决定如此愚蠢或疯狂，听到最多的是"这样做事就是不对"。如今，教练已经成为一个全球性的行业，共创式培训学院（CTI）的影响力已经远远超出了我们最初的设想。也许我们不够聪明也不精明，没有商业头脑。作为共创式场域领导者，我们只是愿意冒险跟随自己的本能与直觉，并根据这些洞见采取行动。

面对阻力

这个世界倾向于抗拒那些没有被验证的信息，人们需要时间来拥抱创新和不同的想法。共创式场域领导者需要做好心理准备，因为他们的洞见可能会遇到阻力。耐心和保持开放是关键。

人们通常很难放慢脚步去思考新的方法。生活和工作的节奏要求我们专注于眼前——处理问题就像救火。我们认识的人也许并不想要一个更加长远的解决方案，即使它是一个更好的方案。

在《高效能人士的七个习惯》一书中，作者史蒂芬·柯维讲述了一个团队如何穿越丛林的精彩故事。

想象一群人拿着砍刀正在穿越丛林。他们是生产者，也是问题解决者。他们披荆斩棘，一路向前。

管理者在他们身后，替他们擦亮武器，制定规则和流程，设计发展项目，引进先进技术，并为这些拿着砍刀的人们制定工作时间表和薪酬计划。

领导者是那个爬上最高的树，总览全景后大喊"方向错误！"的人。

但是这些忙碌的生产者和管理者们是怎样回应的？"闭嘴！我们正在前进。"

人们如此沉迷于产出结果和快点完成工作，往往失去了更大的视角，也不愿意慢下来探索其他的可能性。这导致他们不断重复同样的错误，却没有从中得到学习。

为了找到新的解决方案，共创式场域领导者必须愿意成为那些大喊"方向错误！"的人，哪怕需要一段时间其他人才能放慢脚步倾听。尝试用不同的方式分享我们所感知到的信息，对影响保持觉知并继续从这些影响中创造。

人们往往更喜欢走在安全与熟悉的道路上。尽管它可能缺乏生机，但熟悉带来安全感。即使非常清楚这个方向可能是无效的，人们仍会像刚才故事中的生产者们一样坚持下去。接受新的想法需要时间，也许这些新想法也需要以不同的方式呈现。

由于没有数据来证明我们所相信的是否正确，共创式场域领导者必须保持敏捷灵活与创造性，不断寻找前进的机会，不陷入眼前问题。小我需要被认同，我们很容易因此感到不安全、防御或产生评判，这样产生的紧张感会阻碍我们与场域连接。有意识地放下小我的执念有助于我们再次敞开。

放下执念

坚持我们内心认定的道路很重要，但也容易使人一意孤行。共创式场域领导者的对立统一，就在于忠于自己的感知，同时克制对结果的执着。

当共创式场域领导者发现自己身陷执念时，不妨深呼吸，有意识地放松自己。当然，放下"自己是正确的"看似容易，但当我们深陷其中时，很容易被执念所控制。所以，尽力就好，即使没有成功也对自己温柔一些。

共创式场域领导者清楚地知道，在自我之外，还有一个更大的真相。他们分享感知到的新信息并不是为了看起来很好或者自我的成功，尽管成功会随之而来。共创式场域领导者知道自己是更大整体的一部分，他们带着热情和谦卑，以最敞开的状态服务于这个世界。

在复杂、混乱又充满矛盾的环境中投入参与，是共创式场域领导者的宝贵财富。重要的是，能够信任并勇于表达自己的感知，同时带着谦卑与好奇对其他正在呈现的可能性保持敞开。当我们能够理解和把握生命的复杂性而不被它压倒时，我们就可以做出支持生命的清晰选择；当我们能够在混乱的漩涡中安住时，就开始看到穿越它的道路。

作为共创式场域领导者，我们知道我们都是生命的独特表达，我们是相连的。我们之间的差异不能让我们分离，因为我们既是独一无二的个体，也是一个整体。生命就其本质而言，是在拥抱多样性的过程中拓展、演化、成长与改变的。

作为共创式场域领导者，我们拥抱生命的奥秘，我们理解每个人的重要性，每个人都在这个世界正在发生的故事中扮演重要的角色，同时，我们也相信自己可以感知到更大的存在。我们相信生命渴望通过我们独特的视角来表达它自己，在生命中的每一刻向我们展示它的智慧与美丽。我们只需要愿意放慢脚步去接收。

成为现实：如何培养和拓展你的共创式场域领导者

恢复我们的本能与直觉需要耐心和练习。有时候我们无法在当下清楚理解得到的信息。花些时间深层聆听很重要。打开你所有的感官，集中注意力。注意那些一闪而过的图像、声音或想法。无须急于弄清楚它们，不妨坐下来等等，相信一切自会清晰。

有许多方法可以发展共创式场域领导者的能力。以下是我们在与客户和学员的互动中，以及在我们自身的领导力发展中发现的一些有帮助的练习。

1. 练习身体体验场域领导者

练习共创式场域领导者的身体姿势，并在需要的时候使用它。这个姿势可以提醒你打开感官，连接超越线性思维的直观洞见。练习信任当下所有的发生，并发现其中的价值。

双脚稳稳站立，两脚之间距离大于臀部（见图11）。双臂呈V形向上尽量伸展。放松大脑，放松心情。深呼吸，把你的手和整个身体想象成一个巨大的接收器。

做一个深呼吸，将双手放在嘴前，把你要讲的话当成一份礼物接住（见图12）。这个身体姿势代表你向世界贡献你的洞见。感受你的慷慨与敞开的心。

再一次深呼吸，双手下垂至身体两侧，全身放松（见图13）。放下。

图11 场域领导者身体
体验1：感知

图12 场域领导者身体
体验2：表达和行动

图13 场域领导者身体
体验3：放下执着

2. 向场域开放

在户外找一个远离人群、安静的地方坐下来，深呼吸，慢下来。放松你的身体，打开你的觉知。闭上眼睛，伸展感官。想象你的眼睛，耳朵，手和皮肤，情绪和心智在你周围的场域延展。想象一下，你可以捕捉到感受、灵感与洞见，就像手机接收无线电波。别着急，慢慢来，记录下你接收到的信息。记住，你不需要理解这些信息。这个练习是只是为了打开感官与觉知。

3. 对自己产生的影响保持觉察

安排一次给众人的讲话或演讲。听众可以是你的工作团队、孩子的同学们，或是你参加的头马演讲俱乐部（Toastmasters）的人。你所需要的只是一群听众和一些准备好的话。

练习你的演讲，直到你对每一部分都感到自信。当你发表演讲时，注意你产生的影响。听众和你在一起吗，还是已经走神了？他们看起来是专注的、兴奋的、沉思的、悲伤的、无聊的还是受到启发的？看看你能感知到多少自己产生的影响。演讲结束后，做一些记录。

接下来再安排一次演讲，这次是不同的人群。清空上一次的经验，就像这是你的第一次演讲。再次注意你产生的影响。你的感知能力有什么变化？结束后再次记录，并比较你在两次演讲中的发现。

4. 发现大局

选择一个你一直无法解决的问题，一个让你感到沮丧和纠结的问题。用一两句话把问题写在一张纸上，这样有助于锁定问题。

选择一个不会被打扰的地点和时间。深呼吸，放松全身。现在，想象你在一架小型直升机或一个热气球里。想象你已经脱离了地心引力，你的身体正在慢慢地向上移动。

当你向上移动时，围绕你刚才的问题创造一个场景。设定一个地点，以及周围的环境，让这些画面慢慢显现。想象场景中有哪些人、画面和声音。注意到这个场景中各种相互依存的关系。继续向上移动，直到你目所能及的最大视野。

从这个全局视角去观察你的问题，你注意到什么？对于参与其中的人，你注意到什么？你觉得将要发生什么？能量在哪里受到阻碍？

在你的想象中，让自己轻轻回到地面，记录下你的观察。

5. 迷宫漫步

迷宫是一种围绕中心点盘旋的路径模式。它通常朝着一个方向移动，只有一条通向中心的通道。很久以来，迷宫一直被用作激发创意和灵性体验的工具，是一个极好的连接场域智慧的练习。

你可能会在家附近找到一个迷宫。如果没有，网上有很多简单的说明，可以参照这些说明在你的后院用绳子做一个迷宫。如果住在海边，可以在沙滩上堆出一个迷宫。

在进入迷宫之前，问自己一个问题。最好是一个对你有深刻意义、能引起共鸣的问题。在迷宫的入口处稍做停留，让你的状态稳定下来。然后带着你的问题，尽可能放慢脚步沿着迷宫的路径移动。

将你的注意力温和而坚定地放在你的问题上。走神在所难免。当发现自己走神时，只要温和地将注意力再带回到你的问题上就可以了。缓慢而稳定地向前移动。

在你完成迷宫漫步后，安静地坐一会儿，然后把对你问题的思考和发现记录下来。

6. 练习暂停

练习在商务会议或家庭晚餐中暂停。邀请大家安静地坐一会儿，放松下来。请大家闭上眼睛，如果不习惯闭上眼睛，也可以简单地把注意力收回来。请大家关注议程和对话背后的潜在信息。过一会儿，请大家分享他们的发现。带着好奇和开放的心态倾听。

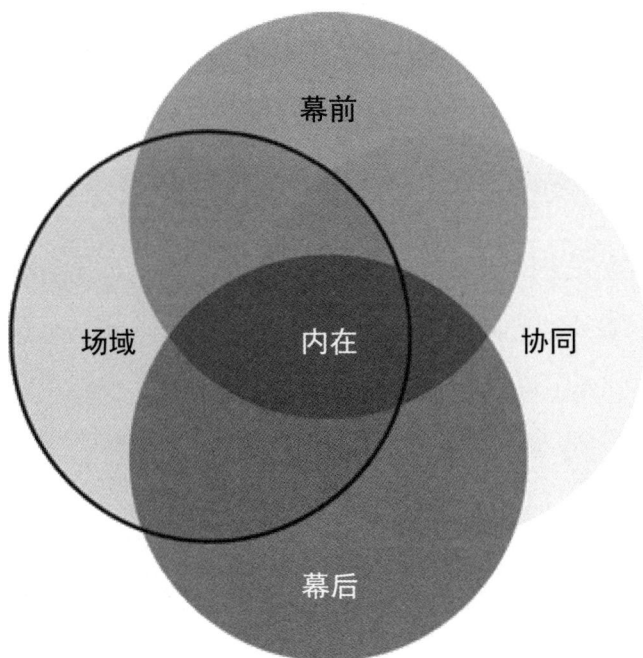

第10章

维度之舞

现在你对每个维度都有了更多了解，哪个维度是你感到最自在、最熟悉的？哪个对你来说是最有挑战性的呢？可以在每个维度给自己打个分，0到10分，0分表示你完全不擅长这个维度，10分表示你十分精通这个维度。你的分数可能会在这两个分值之间。

这个打分可以为你的领导力发展提供有用的信息。你感觉最自在的维度代表了自己最得心应手的领导方式。去尝试那些你不太熟悉的维度可以为你的领导力增加宽度与弹性。共创式领导者的标志性特征是富有好奇心、勇于尝试，失败再复原，并从中学习与成长。

尽管我们生活中的重要事件推动了改变的发生，但真正塑造我们的是每一个当下的选择。通过选择尝试新的体验，我们逐渐建立了在各种不同情况下失败再复原的信心。我们的客户常常想要增强自己的自信心和领导力。他们惊讶地发现，不断的尝试、失败、再尝试，这就是最好的方法。失败是学习与发展的必经之路，它让我们在前行中更加坚定，更加坚韧。我们越多地选择尝试不熟悉的领导力维度，就越能坚定地相信自己有能力面对生活的各种挑战。

尝试不同的维度也有助于我们向更大的世界敞开，向我们周围的资源敞开。我们习惯性地认为自己需要独自面对一切，事情的进展取决于自己是否足够好、足够聪明、足够智慧。我们认定，成为一个高效的领导者，必须掌握所有问题的答案和解决方法。这种孤立感的错觉无孔不入而又不易察觉。

如果我们愿意向彼此敞开心扉，向世界敞开心扉，共创式领导力的5个维度可以帮助我们连接到身边可用的资源。我们拥有唾手可得的巨大潜能，它们就在共创式内在领导者的内心深处。这些资源通过共创式幕前领导者、幕后领导者及协同领导者连接到的人们呈现出来，通过共创式场域领导者感知到的场域信息传递出来。当我们真正体验和抓住这些呈现给我们的巨大资源时，一个全新的世界也向我们敞开。

维度的应用

以下是人们在一些不同情境下应用共创式领导力的例子。我们希望这些例子可以启发你，帮助你在工作和生活中应用这个模型。

伊莎贝尔

伊莎贝尔是我们领导力项目的一位毕业生，一名尽职的二年级教师。她分享了自己应用共创式领导力模型作为工具，帮助学生学习合作与承担责任的故事。伊莎贝尔首先和她的学生分享了共创式领导力模型，并告诉他们这就是"在我的学校学到的东西"。

她告诉学生们，每个人都是领导者，并介绍了共创式内在领导者的概念。她强调，对每个人来说，相信自己非常重要。伊莎贝尔接着说，她百分之百相信他们。想象一下，如果我们在二年级的时候，遇到一位像伊莎贝尔这样的老师，我们的生活会有什么不同？

当她的一个学生谢恩表示愿意照顾班上的宠物——一只名叫皮特的乌龟，伊莎贝尔帮助谢恩认识到，作为共创式幕前领导者，他并不是独自一人。他有权力和责任照顾皮特，同时，他还有一部分重要的工作是确保每个人都参与其中。在伊莎贝尔的支持下，谢恩在班里领导了一次关于照顾皮特的集体讨论。

同学们不再为谁来喂食皮特而争吵，他们决定两两结伴（共创式协同领导者），轮流喂食皮特，并清理皮特的窝。谢恩则每周都会与大家跟进，看看进展如何。

全班同学都积极参与，全心投入。当争吵不可避免地发生时，大家都会一起解决，正如一名学生所说的，"照顾皮特是我们大家的责任，他需要我们。"

几周后，谢恩决定让位了。他把共创式幕前领导者的角色交给了另一位同学，并尽自己最大的努力成为一个好的幕后领导者。

这些孩子只有7岁，但他们对共创式领导力的理解力就像是与生俱来的。

布丽塔

一位客户贡献了一个共创式领导力模型在组织应用的生动案例。布丽塔是她所在组织的负责人，一名出色的共创式幕前领导者。她坚定地支持组织的愿景与目标，用充满勇气的对话与开放的心态与人们连接。同时，她也是组织中其他几个团队的成员，并接受他人的领导。在这些团队中，她是一个充满热情的共创式幕后领导者，通过自己的全力支持和参与来服务于这些团队成员和团队领导者。她总是能够深层聆听，提出强有力的问题，并持续给予领导者们肯定认可，为他们喝彩助威。

该组织采用了共创式协同领导者的方式，通常由两位富有激情的协同领导者共同领导一个项目。作为共创式协同领导者，他们对彼此100%承诺。同时，他们的同盟关系是动态的，这个同盟关系可以根据项目的需要而延续。一旦项目结束，这段共创式协同领导者的伙伴关系就完成了，领导者们会转换到其他的领导力维度。

该公司有一个惯例，在每次会议的中间暂停一分钟，大家保持沉默，这让人们有机会放慢速度，与自己的共创式场域领导者连接，并问自己"我感知到什么？""什么正在发生？"然后他们会再用5分钟时间分享自己的洞见。有时候他们会在这个过程中找到会议议题的解决方案。

最初，该组织中的许多人对共创式场域领导力有抗拒，因为这让他们感到不舒服。而如今很多人说，这是他们最喜欢的维度，因为连接这个维度有助于他们与组织的使命产生共鸣。他们越来越能够意识到自己给他人和世界带来的影响，这样的发现令人振奋和获益。

尽管这个组织的发展蒸蒸日上，但并不是完美的。有人因为需要一个结构更加清晰的工作环境而选择离开。然而，随着时间的推移，共创式领导力已经融入了这家组织的文化。尽管仍然存在许多挑战和问题，但现在人们会并肩面对这些挑战，并充分运用组织中所有人的资源，而不是单枪匹马地战斗。

罗伯特

当我们第一次见到罗伯特时，他已经是一位非常成功的高管。他有一位美丽的妻子和两个年轻活泼的孩子。他处于事业的顶峰，赚了很多钱。尽管他的直率有些时候让人感到害怕，但他也赢得了大家的尊重。可是为什么他总感觉缺失了什么？

56岁时，罗伯特怀疑自己进入了中年危机，同时，内心总有个声音让他去深入探索。于是，在一位同事的推荐下，他报名参加了我们为期10个月的领导力课程。

他在课程期间的发现出乎意料。罗伯特意识到，他的一生都在单一的领导力维度下运作。他在工作中，甚至生活中都是独来独往……那么，他为什么要这么做呢？

经过深入的探索以及与其他领导力学员的多次对话，罗伯特意识到自己独自承担是因为他认为这就是领导者应该做的。一直以来所受的训练让他认为他的工作就是解决问题，并提供快速、清晰和确定的解决方案。他已经渐渐相信一切都得靠自己。罗伯特意识到，他生命中缺少的是与他人的深层连接。

罗伯特开始尝试运用共创式领导力模型。他与自己的生命意义连接，厘清自己的价值观，并在每一天活出自己的生命意义和价值观。他与下属建立同盟关系。如今人们走进他的办公室，他会深度聆听，提出问题的次数远远超过给出答案的次数。他不断寻找与他人协同领导项目的机会，他发现100%/100%的协同效应是如此高效和令人满足。

罗伯特并未止步于此。他进行了一个360度的领导力测评。他惊讶地发现，有时候人们在他面前会感到被轻视。于是，他更加关注自己对他人的影响，并努力让人们看到愿景带来的可能性。随着时间的推移，他的部门取得了巨大的成功，业绩超过预期目标。公司里的人都很好奇他到底做了什么。

在10个月的领导力课程期间，罗伯特从一个成功但有距离感的领导者变成了一个善于激励和发展他人领导力的人。最重要的是，他逐渐明白，外在的成功虽然重要，但真正的满足感来自自己与自己、自己与他人，以及自己与更大的世界建立丰富且有深度的关系。

爱德华

共创式领导力模型可以应用于各种不同的场景，包括个人生活和职场问题。我们的一位客户爱德华分享了他如何将共创式领导力用于兄弟姐妹关系的故事。

爱德华一直渴望自己与5个兄弟姐妹之间的关系可以更加亲近。他们曾经非常亲密，但父母的去世改变了一切。随着时间的推移，兄弟姐妹们渐渐疏远。

作为共创式内在领导者，爱德华意识到家庭对他来说非常重要。爱德华是6个孩子中的老大，他不愿再停留在美好的愿望中，决定付诸行动。

他觉得如果有一位共创式协同领导者会很有帮助。于是他打电话给妹妹玛蒂娜，邀请她作为协同领导者，一起在兄弟姐妹之间创造更多的连接与亲密。刚开始玛蒂娜有些不情愿。过去她经常和爱德华发生争执。于是爱德华跟玛蒂娜分享了如何建立同盟关系，这使她产生了兴趣。他们进行了多次对话，尽管分歧还在，他们仍然可以100%信赖彼此，直到他们感到已经准备好一起为兄弟姐妹们做些事情了。他们花了很多时间与耐心，最终促成了所有兄弟姐妹在玛蒂娜家过周末的安排。

周末的聚会中，玛蒂娜和爱德华分享了他们在兄弟姐妹之间创造更多连接与亲密的渴望。正如往常一样，大家陷入了旧有的模式。对话总在原地打转，各种借口不断。爱德华不断指出这个旧有模式，却遭遇到了熟悉的反抗与抱怨。他自己也开始怨恨起自己来。

爱德华想到了共创式场域领导力。他深吸一口气，让自己的注意力松弛下来，感觉到肩膀放松了。他意识到自己也陷入了一个旧有模式：如往常一样，他试图迫使事情发生，并以兄长的身份掌控事情的发展。是时候停止旧有的模式，让事情自然发生了。于是他坐了下来。

连接共创式幕后领导者，爱德华肯定认可了他的兄弟姐妹们，并开始认真倾听，还不时提出强有力的问题。慢慢地，房间里的气氛发生了变化，大家开始更加亲密地交谈。大家终于意识到父母的去世让他们感到悲伤，是这些悲伤影响了他们之间的感情。他们看到大家陷入了彼此指责（尤其是爱德华）而不愿承担责任的旧有模式里。他们发现每个人都渴望家的感觉可以持续下去，排行最小的马可甚至表示愿意来安排下一次家庭聚会。

梅兰妮

共创式领导力模型也是团队合作的有效工具。梅兰妮是我们领导力项目的毕业生，她与我们分享了她与团队在搭建一个新的薪酬系统时是如何运用这个模型的。梅兰妮首先从共创式幕前领导者的角色开始，召集了几次团队会议。在会议上她介绍了项目，并鼓励大家对项目的愿景和可行性畅所欲言。然而，这几次会议进行得并不顺利。大家都在争着发言，相互打断而不去聆听。有一半的人想要按照自己的思路推进，而另一半则觉得事不关己，表现出冷漠和无聊。

梅兰妮决定尝试不同的维度。于是她进入共创式协同领导者的维度，单独约谈每个团队成员，并向他们介绍共创式领导力模型。接下来梅兰妮根据项目分工与每个人建立了同盟关系。这似乎很有效。梅兰妮邀请团队成员练习共创式协同领导者，两人一组协同带领团队会议。在会议中，梅兰妮邀请每个人练习做共创式幕后领导者。在每次会议结束时，都会有一个简短回顾，大家一起讨论关于共创式领导力的学习体会。通过这些做法，团队会议变得高效起来。作为一个共创式幕前领导者，梅兰妮继续激励团队，让团队更加紧密和同步。

在梅兰妮的团队中，有一位成员帕梅拉是出了名的难相处。帕梅拉的话常常很有道理，但她的表达方式有些问题。在整个项目的过程中，梅兰妮作为共创式幕后领导者的角色支持帕梅拉，她提供真诚的反馈、教练并肯定认可帕梅拉。随着时间的推移，帕梅拉越来越信任梅兰妮，她愿意冒险尝试不同的方式，因为她知道自己向前踏出的每一步，都有梅兰妮站在身后支持她。梅兰妮说，见证帕梅拉的蜕变是这个项目的诸多亮点之一。

当团队开始对新系统进行平行测试时，出现了各种各样的故障。临近上线的最后期限，梅兰妮转化为共创式场域领导者，她注意到团队内部紧张焦虑的气氛日渐严重。没人想说些什么，因为大家都习惯于无论如何也要完成工作。梅兰妮跟随直觉，与团队分享了自己感受到的紧张氛围。她告诉大家"只要我们一起继续工作，就一定会好起来"。梅兰妮看到团队中的恐慌渐渐平息下来。

乔西和妮基

由于新型冠状病毒肺炎的流行，乔西和妮基所在的组织被迫转为线上的工作模式，这让他们很是担忧。作为共创式协同领导者，除了担心公司的销售团队，他们还担心线上会议的方式难以保证参与度与活跃度。他们对共创式领导力模型非常熟悉，于是决定一起实践这个模型。他们将这个模型介绍给团队，并带领大家做了一个简短的练习，邀请每个人在会议上与自己的共创式内在领导者连接。团队对这个简短的练习非常有热情，他们决定用它作为每次在线会议的开场练习。为了给所有人提供一次练习做共创式幕前领导者的机会，乔西和妮基提前发出会议议程，以便大家可以在会议中自愿带领不同的部分。其他成员则作为共创式幕后领导者来支持带领者。每次会议都会邀请一位成员来担任共创式场域领导者。这些团队成员会保持对场域的能量的关注，并在需要时及时分享给团队。

几周时间很快过去了，乔西和妮基惊讶地发现，在线平台也能建立亲密和连接。团队中的每个人在会议中都能发挥特定的作用，会议的参与度与活跃度都很好。轮换领导力维度的做法让团队成员有机会练习不同的领导力表达方式。在团队努力练习新技能的过程中，大家互相给予支持，这让团队建立了更紧密的连接。

扎克

扎克分享了自己是如何在一次公司的演讲中应用共创式领导力的。扎克是一位新任CEO，他希望在自己领导的组织中创造一种更有活力、更具包容性的文化。

他想通过全员会议来阐明自己在未来一年的战略规划。为此，扎克精心准备了一次演讲。就在演讲即将进入核心内容时，扎克感觉到大家并没有完全投入。

扎克望向人群，一些人正在离开座位去取咖啡，还有一些人在用手机发短信。停顿了一会儿，他与自己的共创式场域领导者连接，他感到"我正在失去他们"。突然间，他意识到自己陷入了单一维度领导力的模式，这正是他试图要打破的。他意识到，"我是在对他们说话，而不是与他们说话"。

深吸一口气，扎克把准备好的演讲稿放到一旁，并邀请高管团队中的一员，安吉丽克上台来成为他的共创式协同领导者。他们花了点时间快速建立了同盟关系，然后开始一起带领团队展开对话，大家一起讨论新的战略规划对公司文化意味着什么。

扎克和安吉丽克很放松且自然。当扎克努力寻找合适的词汇来表达时，安吉丽克会完成他的句子。有时他们会打断对方，为彼此说的话补充重要的背景。他们的协同带领创造出协同效应，这既启发了大家，又创造了连接。他们与整个团队展开了一场对话，讨论公司如何向令人兴奋的新方向发展，同时也能够维护同事情谊。

人们开始举手提问，分享意见和想法。扎克能够感受到房间里的兴奋感。当会议结束时，扎克和安吉丽克赢得了热烈的掌声。

实践模型

以上是普通人的应用案例，这些场景我们都可能会遇到。没有人让他们在自己被分配的角色和职位之外去承担责任。但如果我们希望扩大自己的影响力，并愿意为自己和周围的世界承担责任，那么，在任何时候我们都可以做出这样的选择。

有很多方式可以实践共创式领导力模型。当人们竞争团队领导者角色时，试着向他们介绍这个模型，并邀请成员轮换不同维度。当人们都可以承担一个维度时，领导力就是多个维度的，人们就不会再为那个最高的职位而竞争。

如果因为责任不明而使项目延期，试试使用共创式幕前领导者，大胆指出坦诚的重要性，鼓励人们勇敢对话找到阻碍，并请求大家再次承诺。如果有两个人冲突不断，可以帮助他们使用共创式协同领导者协调一致的方法，这样他们就能够更加富有成效地讨论分歧。如果有人难以相处，那就尝试一下使用共创式幕后领导者。一旦人们感到真正被倾听、被看见、被支持，行为问题就会得到缓解。如果事情变得奇怪，或者你意识到自己被细节缠住，做一个深呼吸，慢下来，放松并向共创式场域领导者敞开。你可能会发现，有一个重要的洞见正盘旋在你的意识边缘。

像任何工具一样，共创式领导力模型需要付诸实践才能发挥作用。在生活的不同领域使用这个模型，你会不断发现它的应用良多。我们并不是要把共创式领导力模型当成灵丹妙药，事情也许并不总是按照你希望的方向发展。挑战依然存在，持久的变化需要时间和耐心。但是，在你选择承担并进入5个维度中的任何一个维度的时候，你的世界已经开始改变。

第11章

创造美好的生活

美好生活是我们每个人渴望的，不是吗？同时，它也是我们烦恼的来源。美好生活是父母对孩子的期盼，是我们少年时代的梦想，是让我们庆祝或者羡慕的理由。"啊……你看，他（或她）成功了。老兄，那才叫活着！"

可是，什么是美好的生活呢？我们在渴望什么，又在追求什么？有些人比别人拥有更多，但还觉得不够。他们的房子更大，视野也更开阔；他们的身材更健硕或更苗条，他们的样貌更可爱或更英俊。但他们仍然不快乐，仍然感到孤独、不安、不满，仍然想要更多。

什么能让一个人的生活变得"美好"呢？当然，有一些基本的因素。例如，生活在一个可以对权势说不而不用担心生命安全的国家，不用担心缺衣少食，拥有健康而强壮的身体，这些都是上天的馈赠。很多人已经拥有了这些，他们依然感到沮丧和痛苦。而有很多人并未拥有那么多，生活却充满了快乐和光明。

区别在哪里呢？是什么让一个人快乐，而让另一个人感到痛苦和渴望呢？我们相信，最大的不同在于我们是否有这样的能力，将自己完全投入这个世界，并且在生命的每个当下敞开接受丰富的体验。

我们太过沉迷于修理自己和他人，以至于错过了很多在当下发生的美好。如果我们可以放下想要修理一切的想法，敞开心扉去体验周围的奇妙和美好，我们就会感到满足，生活也会因此充满光明和快乐。生活是一个循环，一个给予与接受、能力与责任的循环。我们慷慨地分享自己，并以开放的心态接受生活给予我们的一切——胜利与挑战，黑暗与光明。

当我们意识到，每时每刻，我们都在创造着这个世界，同时也被这个世界所创造，我们就会明白，我们既是生命奥秘完整且完美的表达，也是生命尚未完成的作品。我们是被创造出来的最光辉的生命，同时又是如此微不足道。

在我们看来，这就是美好的生活：接受并享受生命体验的同时，也懂得运用共创式领导力去创造影响，这样的影响可以远远超越当下的体验。

正如作家兼企业顾问弗雷德里克·莱卢在他的精彩著作《重塑组织》中所言的，"什么可以取代恐惧？一种相信生命丰盛富饶的能力。所有古老的智慧都揭示了这样一个深刻的真理：对待生命，我们可以有两种基本的态度：恐惧和匮乏，或者是信任和丰盛"。

当我们开始为世界承担责任时，我们就从小我的牢笼中解放出来，从不断叫嚷着追求认可与外在成功的陷阱中解救出来。与其被恐惧和痛苦束缚，不如坦然面对生活带给我们的一切。因为我们知道，无论发生什么，我们都会很好。

我们积极寻求服务于更大的良善，并不是因为我们想要获得认可和爱来填补内心的空洞，而是因为我们心中充满了感恩，它们会自然而然地转化为贡献、慷慨和服务。

共创式领导力的核心非常简单，就是"爱"。爱自己，爱他人，爱你周围的所有人。爱生命的神秘，也爱冒险带来的一切。

在过去的20多年里，我们有幸遇到各式各样的群体，与不同年龄和不同文化背景的人合作。从董事会到监狱，从挪威到亚洲，我们不断经历同样的事情：给人们一些机会，哪怕只是一点点，你会发现人们内心的渴望。渴望贡献，渴望深深的连接，渴望投入到爱之中。在我们的工作中，最珍贵的部分就是看见人们爱上自己、爱上彼此，并以无穷无尽的方式来表达爱。这是我们的荣幸。

当恐惧占据上风时，人们就会对爱产生一种狭隘的认知，认为如果自己付出太多的爱，就不会有足够的爱留给真正重要的人。久而久之，我们说服自己，爱是需要付出很多努力和很多行动的。人们需要做些事情来赢得我们的爱，我们也需要做些事情来证明我们是值得被爱的。人们总是努力地去获得爱，努力地变得足够可爱，足够有价值，足够值得。我们认为爱是一件严肃的事情，我们需要为之努力，并且适当地给予。

这样的想法非常荒诞。我们每个人都值得被爱，只是因为我们活着。表达爱其实远比压抑爱更容易。因为你很难做到无动于衷，或者假装不在乎、假装我们不需要任何人。我们的心如此辽阔，爱的能力如此强大，抑制它需要消耗巨大的能量。我们的心拥有无穷无尽的能力去爱。

共创式领导力最真实的表达就是在实践中不断超越恐惧，全然投入到爱之中去。这样做并不是因为正确且高尚，而是因为这样做让生命充满激情、生动鲜活。我们需要尽己所能承担这份对生命的责任，在失败时原谅自己和他人，始终相信复原只在一念之间，这是我们的选择。

我们正处于人类意识高速进化的时代，我们被呼唤去超越自身生存的局限，为整个人类社会的发展承担责任。当我们选择去承担更大的责任时，我们就是共同为后世子孙创造一个适用于每个人的世界。在这个世界里，人类集体的天赋与能力得到最充分的彰显。

作为共创式领导者，当我们选择敞开心扉去为我们周围的世界负责时，我们就是在创造美好的生活，不仅为我们自己，也为整个人类和我们的后代。我们在为地球上所有的生命培育美好的生活。

尽管人类当下面临困境，也许未来更多，这仍然是一个非凡的时代。如果我们可以选择以更加深刻和广阔的人类视角来为这个世界负责，那么，还有什么比这更令人向往呢？

作者简介

亨利和凯伦·吉姆斯-霍斯两位作者，他们生活中的大部分时间都被人类深深吸引。无论是在独自工作中还是在合作中，他们始终致力于让人们拥有更加完整、内外一致，以及自我实现的体验。

他们是教练领域的先行者，有着传统戏剧培训的丰富背景，以及带领数百场教练与领导力培训课程的实践经验。他们激励了成千上万的人去全然表达自我，在关系中创造深层的连接，并有能力对自己周围的世界负责。

凯伦和亨利很早就开始表演戏剧。亨利曾在纽约做过12年的演员，凯伦则在1983年获得了美国天普大学艺术硕士学位。专业的戏剧训练，以及在舞台、电视和电影中多年积累的表演经验，磨炼出他们对人类的深刻洞察。

1992年，亨利和凯伦与他们的伙伴劳拉·惠特沃思相识并共同创立了共创式培训学院（CTI）。后来，亨利和凯伦相爱，并于1995年在北加州举行了为期3天的婚礼。

双方家人都认为这场婚礼是个奇迹。没有人相信凯伦或者亨利会找到一个足以与之匹配的伴侣，他们都有强大的内心、丰富的创造力与情感。幸运的是，这两家人都错了，凯伦和亨利找到了彼此。

如今，共创式培训学院（CTI）拥有300多名世界级教师及数以万计的学员，在全球提供多种语言的线下培训和在线培训课程。共创式培训学院持续致力于深度体验式学习并唤醒生命的蜕变，这样的蜕变让人们拥有通过建立关系和承担责任来重新回归完整的终身能力。

作为教练行业的先锋，亨利和凯伦也是行业畅销书《共创式教练：转变对话，蜕变人生》的合著者。目前，《共创式教练：转变对话，蜕变人生》已被翻译成15种语言，是教练行业的经典之作，也被世界各地高等院校的教练培训项目列为必读书目。

1997年，亨利和凯伦创建了共创式领导力项目，这是一个为期一年的变革之旅，旨在教导人们在自己生活的各个领域成为一位共创式领导者。迄今为止，共创式领导力项目已有近万名毕业生，他们遍布世界各地，将共创式领导力的原则引入组织、政府机构、教育机构、非营利组织，以及客户和家庭中。目前，共创式领导力项目已进入美国、西班牙、日本、中国、以色列、土耳其和墨西哥，用英语、日语和西班牙语开设课程。

想了解更多关于共创式领导力的信息和最佳实践，欢迎访问coactive网站。

致 谢

共创式领导力模型源于共创式培训学院（CTI）的教职人员和毕业生们长期共同协作、发人深省的讨论。我们感谢每一位参与这些精彩对话并为之投入热情、创造力和支持的人。特别感谢Jill Schichter、Art Shirk、Paul Byrne、Sam House、Jeff Jacobson、Heather Strbiak，感谢你们慷慨、周到的贡献。衷心感谢Pamela Chaloult、Deb Nelson、Tiffany Brown、Kate Poole，感谢你们对协同领导者这一章的贡献。很荣幸能和你们相识。

感谢我们众多的客户和领导力项目的毕业生，你们扩展了我们对共创式领导者的理解。见证你们的成长与蜕变是我们的灵感与成就的源泉。深深感谢共创式培训学院了不起的员工们，是你们将这份工作播撒到世界各地。作为伙伴，我们一天天耕耘创造出了一个真正的共创式组织。

非常感谢红杉林部落（Redwoods），我们的实践社群。感谢你们的慷慨、爱和支持。你们是我们的共创式领导者，无论是内在、幕前、幕后、协同还是场域。

感谢贝尔特-科勒出版公司卓越的出版团队。你们是一位作者最期待的、最棒的出版合作伙伴，与你们合作是一种快乐。特别感谢Jeevan Sivasubramaniam对本书的信任。我们对我们的编辑Steve Piersanti抱有极大的感激之情，你给予我们的不只是喝彩助威，同时也有挑战。Steven，正是由于你的坚持、智慧和洞察，这本书真的是相比之前好太多了。

我们还要感谢Pam Gordon、Ken Fracaro、Carey Baker、Carlo Bos、Edwin Vega、Hideki Naoi、Monica Garcia、Kristin Hoover、Neil Edwards、Marwan Aljahani、Ozlem Kryat Berber、Gulsun Zeytinoglu、Satomi Aoki，他们是本书最早的读者并提供了宝贵的建议。

感谢塑造和启发我们的很多老师，特别是"风中鹰"（WindEagle）、"彩虹枭"（RainbowHawk）、"白色飞鹰"（WhiteEagleWoman）和Brian Swimme。感谢那些一直在用他们的作品教导并启发我们的作者们：Otto Scharmer、Ken Wilber、Frederic Laloux、Kevin Cashman和Lynne Twist。

感谢我们的伙伴和朋友Laura Whitworth，她是开启一切的火花，是点燃我们热情的火焰。她在2007年英年早逝。

我们还要感谢信任和爱护我们的家庭成员们。深深感谢Carey和Ryan Baker带给我们的快乐，并让我们荣升为外祖父母。我们爱你们的一切。

最后，我们想对我们在全球的共创式社群表达感激之情，无论是已经创立的还是即将到来的。是你们让我们的愿景成为现实，你们正在创造一个共创的世界，我们每一天都对这份伙伴关系心存感恩。

阿什兰，俄勒冈州

2020年9月23日

反侵权盗版声明

电子工业出版社依法对本作品享有专有出版权。任何未经权利人书面许可，复制、销售或通过信息网络传播本作品的行为；歪曲、篡改、剽窃本作品的行为，均违反《中华人民共和国著作权法》，其行为人应承担相应的民事责任和行政责任，构成犯罪的，将被依法追究刑事责任。

为了维护市场秩序，保护权利人的合法权益，我社将依法查处和打击侵权盗版的单位和个人。欢迎社会各界人士积极举报侵权盗版行为，本社将奖励举报有功人员，并保证举报人的信息不被泄露。

举报电话：（010）88254396；（010）88258888

传　　真：（010）88254397

E-mail：　dbqq@phei.com.cn

通信地址：北京市万寿路 173 信箱
　　　　　电子工业出版社总编办公室

邮　　编：100036